高橋 伸

[編著]

対話的な学びで一人一人を育てる

中学校国語授業

3

「故郷」の授業

東洋館出版社

シリーズの刊行に当たって

　私たちは，何もないところに向かって言葉を発したりはしない。たとえ相手が目の前にいなくても，私たちは，自分自身も含めた誰かに，何かを伝えたいと願って言葉を発する。そして，その言葉が誰かに届いたとき，受け取った相手はその言葉に応えるためにまた言葉を発する。言葉を発することは，本来，対話的な営みなのである。「対話的な学び」とは，伝えようという意志や聞きたいという思いに支えられた言葉のやり取りの中で，一人一人が自分自身の言葉をつくり出し，言葉の力を育てていく学習のことである。

　しかし，コロナ禍と呼ばれる状況が教室の風景を一変させてしまった。声を出すことははばかられるようになり，議論し，協働し，皆で考えるという，私たちが考えていた「対話的な学び」の姿は教室から消えた。一方で，このような状況だからこそ気付けたこともある。他者と言葉を交わす中で得るものがいかに大きいかということ。「対話」は，単なる情報伝達の手段ではなく，私たちが生きていく上で欠かせない活動だということ。対面することが難しい今だからこそ，「対話的な学び」が切実に求められている。本シリーズの刊行には，そうした願いに応えたいという思いも込められている。

　本シリーズで取り上げた作品は，いずれも中学校の文学教材として確固たる評価を得ているものである。数多くの実践が報告され，批判も含めた分厚い研究が蓄積されてきた。しかし，生徒の生活も，作品の解釈も，学習のための教具も，時代の中で常に移り変わっている。私たちは，先達が残した知見を土台として，生徒が教材と出会い，他者と出会い，言葉を紡ぎ出していく場をつくり出すことに心を砕かなければならない。

　各巻で示した6編の実践のうち，第1実践はオーソドックスな授業展開に基づく実践，第6実践は学習活動の難度に拘泥せずに提案性が高い実践を提示した。これらには，実践報告だけでなく，これから実施することを想定した授業プランの提案も含まれている。

　実践の記述に際しては，具体的な授業の様子が伝わるように，次の点に留意した。

● 対話や学び合いが設定できる単元を構想し，「単元の設定」でその特色を示した。

● 「評価規準」を観点別に明示するとともに，「評価方法のポイント」として，観点別評価や個人内評価の方法，生徒へのフィードバックの仕方などを挙げた。

● 2時間分の「本時の展開」を示し，授業の具体的な姿ができるだけ伝わるようにした。また，「本時展開のポイント」で，授業を実施する際の留意点を解説した。

● 「生徒の学びの姿」で，交流の実際や生徒が知識や技能を身に付けていく様子を，エピソードも交えて具体的に示した。

　本シリーズの提案が，先生方が授業を考える一つの入り口になれば幸いである。

令和3年6月

編著者を代表して　幾田　伸司

3
「故郷」の授業

教材文の引用には魯迅(竹内好訳)「故郷」，
『国語　3』(令和3年度中学校国語教科書,光村図書出版)を用いた。

I

教材としての「故郷」

1
教材としての魅力

(1) 長く愛される「故郷」の魅力

　「故郷」は長く教科書に掲載されている教材だ。加えて，1970年代には全社に採択されている。時代の要請や学習指導要領が変わっても，なお「故郷」が中学生が読むにふさわしい教材として支持されている。その魅力は何か。

　昭和の頃には，「文学と人生」「人間と社会」「人間としての立場」「未来へ」といった単元の中にあった。日清戦争や辛亥革命，魯迅の医学から文学への転換や藤野先生との出会いなど，魯迅の生きた19世紀後半からの社会情勢や，魯迅の人生を学んだ上での実践が数多く見られた。時間数を費やして詳細な読解が行われた時代に，この8000字を超える長い教材が適していたのだ。

　最近の教科書では「関係を読む」「語りを読む」「読みを深め合う」などの単元の中にある。令和3年版の光村図書では「状況の中で　多様な状況の中で生きる人の姿に思いをはせ，考えを深める」に位置付けられている。では，5時間程度で組まれる授業が多い現在，「故郷」の魅力はどこにあるのか。

　それは，作品と自分との対話にあると思う。学習指導要領解説（平成30年）の「思考力，判断力，表現力等」の3年の目標には，「論理的に考える力や深く共感したり豊かに想像したりする力を養い，社会生活における人との関わりの中で伝え合う力を高め，自分の思いや考えを広げたり深めたりすることができるようにする」と掲げられている。

　「子だくさん，凶作，重い税金，兵隊，匪賊，役人，地主，みんな寄ってたかって彼をいじめて，でくのぼうみたいな人間にしてしまったのだ」これは，「私」がルントウの今を語る言葉だ。このように異なる時代，異なる制度の異なる国を舞台とした作品と生徒が対峙するとき，従前の思いや考えでは語り切れないという体験が，更に考えを広げたり深めたりしていくのだ。変化が速く予測が困難な現代にあって，「今いるここ」と，こことは違う世界を往還することで，深い学びが生まれていくはずだ。

(2) 登場人物を読み解く魅力

　「故郷」には，登場人物とその人間関係を読み解く楽しみがある。

　まずは，同じ世代の横のつながりだ。「私」－ルントウ，ホンルーシュイションの関係は，生徒にとって容易につかめるものだが，更に「私」の父とルントウの父親にも，同様の関係があったのかもしれないと想像は広がる。また，縦のつながりも巧みに描かれている。溺愛する息子を，銀の首輪でつなぎ止めてあるルントウの父親。そして，「目も，彼の父親がそうであったように，周りが赤くはれている」とあるように，30年ぶりのルントウは彼の父親に似ている。更に，「これぞまさしく三十年前のルントウであった。いくらか痩せて，顔色が悪く，銀の首輪もしていない違いはあるけれども」と描かれるシュイション。親子は似ているものの，2人の相違に30年前より厳しい生活が垣間見える。少なく

とも「そうじゃない。通りがかりの人が，喉が渇いて，すいかを取って食ったって，そんなの，おいらとこじゃ，どろぼうなんて思やしない」という時代ではなくなっているのだ。厳しさを増す状況の中で，父親－ルントウ－シュイションの３代の縦糸が，しっかりとつながっていることが分かる。

　旅立ちの日にルントウに連れて来られた５歳の女の子も，別れの寂しさを演出している。大人になったルントウが，「別れがつらくて，私は声を上げて泣いた。ルントウも台所の隅に隠れて，嫌がって泣いていたが，とうとう父親に連れてゆかれた」という自分の幼い頃を思い出し，息子たちには同じ思いをさせまいと思ったのかもしれない。シュイションも出番は少ないが，ホンルによって語られる「だって，シュイションが僕に，家へ遊びに来いって」という言葉が「私」と「私」の母の胸を貫く。それは，30年前の「私」がなし得なかった夢でもあるのだ。

　豆腐屋のヤンおばさんは，生徒にあまり評判がよくない人物だが，あるとき生徒が次のような計算をしてみせたことがある。

| 私もまだ十歳そこそこだった　＋　もう三十年近い昔　＝　私は四十歳前後 |
| 私は四十歳前後　－　別れて二十年にもなる故郷　＝　二十歳前後までは故郷にいた |

　こう考えると，「私」はずいぶん大きくなるまで故郷で暮らしていたことになる。もちろん魯迅の年表を作中の「私」に当てはめるという方法を採れば，事情はまた変わってくるのかもしれないが，素直に本文を読むと20歳頃まで故郷にいたことになる。さきの生徒の計算が導き出した結論は，「シュンちゃん，ヤンおばさんのことをちゃんと覚えててあげて」というものであった。この生徒の見方を参考にして，ヤンおばさんの役割を「故郷の人々が『私』をどう見ているか，『私』が故郷の人をどのように見ているかを，読者に知らせる役割を果たしている」と読み取った生徒が現れた。卓見と言うべきだろう。

　他にもまだまだ取り上げたい人物描写は多いが，「小説に役割のない登場人物はいない」ということを念頭に置きながら，教材を読んでいきたい。

(3) 情景描写を味わう魅力

　故郷の情景描写を「映画のようだ」と評した生徒がいる。生徒が取り上げた表現は次の３か所である。

冒頭：鉛色の空の下，わびしい村々が，いささかの活気もなく，あちこちに横たわっていた。覚えず寂寥の感が胸に込み上げた。	カメラは上空から地上へ降りてくる。モノクロームの世界
不思議な画面：紺碧の空に，金色の丸い月が懸かっている。その下は海辺の砂地で，見渡すかぎり緑のすいかが植わっている。その真ん中に，十一，二歳の少年が，銀の首輪をつるし，鉄の刺叉を手にして立っている。	冒頭と同様にカメラは上空から地上へ降りてくる。色鮮やかな世界
最終場面：まどろみかけた私の目に，海辺の広い緑の砂地が浮かんでくる。その上の紺碧の空には，金色の丸い月が懸かっている。	冒頭と反対に同様にカメラは地上から上空へ昇っていく。色鮮やかな世界

冒頭場面では，寂寥の感と響き合う情景を描き出している。上から下への描写から，映画のカメラの動きを想起したのであろう。また，映像作品であれば，回想の場面はモノトーンや色褪せたトーンで表現されるところを，この作品では反対に回想場面こそが色鮮やかに表現されている。加えて最終場面では，希望と呼応するよう，カメラを上昇させていくような描写が，色鮮やかな世界と相まって映画のラストシーンと重なったようである。

このような情景描写の見事さもこの作品の魅力の一つである。また，想像の風景と最終場面の描写はよく似ているが，最終場面にはルントウがいない。その意味もしっかりと捉えていきたい。

2
授業づくりのポイント

(1) 教材研究を深め，情報を分類する

「少年の日の思い出」「走れメロス」と「故郷」を比較すると，「故郷」には調べるべき事柄が多い。授業者が教材について深く理解することはとても重要で，作者魯迅についてあれこれと調べることも大切である。生徒がつまずくであろう「うやうやしい」「とりとめのない」「野放図」といった言葉の意味や，「マンユエ」「纏足」「香炉」といったイメージがつきにくいものについて，しっかり把握しておく必要がある。また，魯迅の生きた時代の社会情勢についても押さえたい。そして，より重要なのはそれらを分類しておくことだ。例えば，次のように分けておく。

●必ず生徒に説明したり，調べさせたりしようと思う事柄

●訊かれたら答えるが，訊かれなければこちらからは説明しない事柄

●今回の授業には必要がないので，もったいないけれど使わない事柄

人は苦労してたどり着いたことであればあるほど，それを誰かに話したくなる。例えば，「吶喊」や「藤野先生」に書かれている，魯迅の医学から文学への転向など，調べていくと授業の中で生徒に語りたくなるものが多くある。だが，授業の中で取り上げるものは，当該の授業の高めたい力や言語活動に寄与するものでなくてはならない。

授業者の教材研究はどこまでも深く綿密に行い，その情報を授業の目標に照らし合わせて取捨選択していくことが大切である。

(2) 文章を対象化して読む教材として

学習指導要領解説（平成30年）には，3年読むことイ「文章を批判的に読みながら，文章に表れているものの見方や考え方について考えること」に関して，「文章を批判的に読むとは，文章に書かれていることをそのまま受け入れるのではなく，文章を対象化して，吟味したり検討したりしながら読むことである。（中略）文学的な文章においても，例えば，登場人物の行動や物語の展開の意味を考えたり，登場人物と自分との考え方の違いを確認したりするなど，批判的に読むことが重要である」と書いている。

また，3年読むことの言語活動例イに「詩歌や小説などを読み，批評したり，考えたこ

となどを伝え合ったりする活動」が挙げられている。解説には「批評するとは，対象とする物事や作品などについて，そのものの特性や価値などについて，論じたり，評価したりすることである」と書かれている。

「故郷」はこの「批評」「批判」にふさわしい教材だといえる。ただ，「さあ，この作品を批評してみよう」と投げかけても，生徒はとまどうばかりである。では，どんな工夫が必要だろうか。ここでは，三つの活動を取り上げてみたい。

①ルントウの視点からリライトする

登場人物の生き方について批評するとすれば，まず，「旦那様！ ……」の場面を，ルントウの視点からリライトするという活動に取り組む。ルントウの内面とルントウから見た「私」をイメージすることにより，「私」をより客観的に捉えることができる。次は生徒がリライトした文章である。

> もう何度も訪れて見慣れた家の前で，俺は大きく深呼吸した。その家には枯れ草が茂り，昔のような活気もないが，俺の住む家とは段違いの広さと風格が備わっている。吹きつける北風に耐えかねた息子が，俺の表情をうかがっているようだが，中に入るにはもう少し勇気が必要だった。
>
> ——俺はどんな顔をしてシュンに会えばいいのだろうか。——
>
> 意を決して扉に手をかけると，その手が少しだけ震えた。
>
> 軋んだ扉の向こうには一人の男性が立っていた。振り向くまでもない，それはシュンだった。シュンは喜びを顔いっぱいに広げ，少し潤んだ瞳でこう言った。
>
> 「ああルンちゃん——よく来たね……。」
>
> 俺は嬉しくてたまらなかった。シュンと再会できたこと，シュンが俺を「ルンちゃん」と今でも呼んでくれたこと，俺の顔を覚えていたこと。
>
> ……だが，俺は急に現実へと引き戻された。シュンは顔こそ昔と変わらないが，高そうなコートに身を包み，口ひげをたくわえ，まるで俺の知らない世界の人間だった。「シュン……」と言いかけた唇を閉じ，敬意を込めて言った。
>
> 「旦那様！ ……。」
>
> 俺は間違ったことをしたのだろうか。いや，これで正しいのだ。なぜなら俺たちは，三十年前の「シュン」と「ルン」に戻ることはできないのだから。

リライトの交流を通して，「ルントウはこの再会に，強い覚悟をもって臨んでいる」や，「ルントウは辛い身分の差を，なんとか受け入れようとしている」という意見が出た。一方，「『私』の幼さや弱さが見えてくる。ルントウの『旦那様！……』に対して，しっかりと自分の思いを言葉にしてほしかった」や「『私』の消極的な姿勢が，最終場面の希望の弱さにつながる」という意見が出た。活動を工夫することで手がかりができ，作品を批判的に読むことが可能となる。

②物語のその後について考える

　次に，「『私』はもう一度故郷に戻ってくることはあるか」について考える活動について触れる。以下は生徒の意見である。

【再び戻ってくる】

●ホンルを連れて再び故郷に戻ると思う。ホンルの「伯父さん，僕たち，いつ帰ってくるの。」というセリフは，再訪を暗示している。「私」の希望をホンルやシュイションなどの若い世代がかなえてくれると考えるからだ。そうなれば，ホンルとシュイションは，離れて暮らしていても，変わらない関係を保てるはずだ。二人が隔絶しなかったことを確かめるために，「私」は戻るべきだ。

●退職した後，一人で帰ってくる。そして，ルントウの家を訪ねるのだ。そもそも，「私」に越えなければならない三つの障害がある。一つは坊っちゃんでいられた高い塀。二つ目は，悲しむべき厚い壁。そして，最も越えるのが難しい目に見えぬ高い壁だ。身分がなくなった退職後に，まずは，高い塀の外に出る。そして，神秘の宝庫である海辺のルントウの家に行くのだ。そこはもう神秘の宝庫ではないかもしれないが，悲しむべき厚い壁を乗り越えない限り，目に見えぬ高い壁を取り払うことはできないのだから。

【戻ってこない】

●戻ってこないと思う。家は処分して他人の持ち物になってしまったし，故郷には会いたい人がいない。故郷を離れるときにホンルが言った「だって，シュイションが僕に，家へ遊びに来いって。」というセリフに対して，何も言えなかった「私」が戻るはずがない。また，もし戻ったとしてもルントウとは厚い壁で隔てられているので，心が通い合うことはもうできないのだ。

　「『私』はもう一度故郷に戻ってくることはあるか」という問いに向き合うことで，登場人物の言動と自分の考えを摺り合わせていくことができる。これも批判的に読む一つの方法と言える。

③「私」に共感できるかどうかを問う

　最後に，もう少し簡単に「批判的に読むこと」に取り組むとすれば，次のような問いはどうだろうか。

「もともと地上には道はない。歩く人が多くなれば，それが道になるのだ。」について，あなたはどう思いますか。

　この問いに対して，生徒は納得する派が多いが，中にはそうでない生徒もいる。

【納得する】

●世の中を変えていきたいということが「私」の希望なので，多くの人の協力が必要

だということに納得できる。

【そう思わない】

●他力本願だと思う。希望についてもあるような，ないようなものだと言っているけれど，自分一人でもこの道を突き進むという気概がない。メロスは，たった一人で王に立ち向かい，世の中を変えてみせたではないか。

　登場人物に共感したり，自分との違いを確認したりすることが，作品を客観的に読んでいくことにつながる。また，既読の作品と読み合わせることも，「故郷」をより客観的に読むことにつながっていく。

(3) 翻訳教材として

　「故郷」には井上紅梅や佐藤春夫などの様々な訳が存在する。一つの作品を違う訳で読むことによって，多くの気付きが生まれる。例えば，教科書に採用されている竹内好訳と，句点を魯迅の書きぶりに合わせたという藤井省三訳では，以下のような相違が見られる。

竹内好訳	藤井省三訳（光文社古典新訳文庫）
私は，感激で胸がいっぱいになり，しかしどう口をきいたものやら思案がつかぬままに，ひと言， 「ああ**ルンちゃん**——よく来たね……。」	**僕**はこのときうれしさのあまり，何と言ってよいのかわからず，ひとことこう言った。 「わあ！**閏兄ちゃん**——いらっしゃい……」
「まあ，なんだってそんな他人行儀にするんだね。おまえたち，昔は兄弟の仲じゃないか。昔のように，**シュンちゃん**，でいいんだよ。」と，母はうれしそうに言った。	「なんだね，おまえさんたら遠慮なんかしちゃいけないよ。二人は昔は兄弟同様の仲だったでしょう。これまで通り，**迅坊っちゃん**と呼んだらいいさ」母は機嫌よく言った。

　翻訳によって，人柄や心情などの印象が大きく変わる。比較して読んでみると，生徒からは次のような反応があった。

●藤井訳の故郷は，人の感情などを詳しく具体的に表現している。それに対し，竹内訳では抽象的な表現が多い。竹内訳は，読み手が様々に読み進めていくことができる。

●竹内訳は少しほんわかした印象で，藤井訳はストレートで現代的な表現だ。この点は藤井訳のほうがいいが，竹内訳のほうが文章のテンポが良く読みやすい。

●竹内訳は，子どもの頃は身分の差を感じていないような印象を受けるが，藤井訳の「閏兄ちゃん，迅坊っちゃん」だと，少なくともルントウは子どもの頃から身分の差を感じているように読める。

　令和3年版の光村の教科書には，2年生で「翻訳作品を読み比べよう」という読書教材があり，サン＝テグジュペリの「星の王子さま」が取り上げられ，内藤濯と池澤夏樹の二つの訳が示されている。2年生での学びと関連付けて取り組むこともできるだろう。

⑷ 読書につながる教材として

　学習指導要領（平成29年）の〔知識及び技能〕に新しく項立てされた「読書」の3年には，「自分の生き方や社会との関わり方を支える読書の意義と効用について理解すること」が挙げられている。授業で出会った作品を基に，身近な作品や自分が好きな作品とつなげていく楽しみも「故郷」にはある。「道」という言葉を鍵に他の作品に広げていく実践もあるが，ここでは，「希望」という言葉を鍵として考えてみる。

「故郷」（1921年）

●希望をいえば，彼らは新しい生活をもたなくてはならない。私たちの経験しなかった新しい生活を。

●思うに希望とは，もともとあるものともいえぬし，ないものともいえない。

「走れメロス」（太宰治　1940年）

●肉体の疲労回復とともに，僅かながら希望が生まれた。義務遂行の希望である。我が身を殺して，名誉を守る希望である。

　光村図書の教科書では，「希望」という言葉が作品に出てくるのは，「走れメロス」だけであった。この二つを比較しただけでも，「故郷」の希望の複雑さが浮き彫りになる。最近の生徒が「希望」から連想する作品として挙げるものは，多くが歌詞であった。

「Ａ・ＲＡ・ＳＨＩ」作詞：Ｊ＆Ｔ

今日もテレビで言っちゃってる
悲惨な時代だって言っちゃってる
ボクらはいつも探してる
でっかい愛とか希望探してる

「春の歌」作詞：草野正宗

春の歌　愛と希望より前に響く
聞こえるか？　遠い空に映る君にも（中略）
春の歌　愛も希望もつくりはじめる
遮るな　何処までも続くこの道を

　複数の作品を比較して「希望とは何か」を浮き彫りにしていく活動や，自分の好きな希望を集めて，アンソロジーを編むのもいいだろう。嵐のデビューシングル「Ａ・ＲＡ・ＳＨＩ」が1999年，スピッツの「春の歌」が2005年のリリースである。令和には更にたくさんの「希望」が書かれ，読まれているだろう。キーワードから広がる読書にも期待していきたい。

　この他にも，評価に関するポイントがある。「知識・技能」「思考・判断・表現」のどの指導事項について，指導し評価するのかということだ。特に「知識・技能」については，「言葉の特徴」「情報の扱い方」「言語文化」の3項目が学習指導要領に示されている。目の前の生徒と学習指導要領と教材。この三つを読み合わせて，生徒の言葉の力を高めていくために，どういうマッチングがいいのかを見定めてほしい。この後の六つの実践は，その点でも多岐にわたる提案をしている。じっくりと読んでいただきたい。

〈高橋　伸〉

「故郷」の授業展開

学びの自覚化を促し，
日々の読書生活につなげる

～3年間の学びを生かして「故郷」の価値を批評する～

1 単元の目標

● 自分の生き方や社会との関わり方を考える上での，読書の意義について理解することができる。 〔知識及び技能〕(3)オ

● 文章を批判的に読みながら，文章に表れているものの見方や考え方について考えることができる。 〔思考力，判断力，表現力等〕C(1)イ

● 文章の構成や論理の展開，表現の仕方について評価することができる。

〔思考力，判断力，表現力等〕C(1)ウ

● 言葉がもつ価値を認識するとともに，読書を通して自己を向上させ，思いや考えを伝え合おうとする。 〔学びに向かう力，人間性等〕

2 単元の設定

(1) 単元設定の理由

　例えば年度の初めに，これまで国語の授業で何を学んできたかを生徒に問う。そんなとき，多くの生徒は「少年の日の思い出」といった教材名や，「ポップを作りました」といった活動を答える。しかし，そのような意識では実生活で生きて働く力にはつながらないのではないだろうか。「情景描写に着目すると登場人物の心情を捉えることができます」といった指導事項に関わる内容を自覚してこそ，日々の生活で生かすことができる。

　また，令和3年度から全面実施を迎えた学習指導要領においては，「読書指導の改善・充実」が求められ，「知識及び技能」には読書の意義や効用に関する事項が新設された。このことからも，文学的文章においては，授業での学びを日々の読書生活につなげていくことが大切であることが分かる。国語での学びを生かして読書を楽しむことで，自分の人生や社会との関わり方がより豊かになることを実感させたい。

　こうした現状を踏まえ，生徒が「故郷」の価値を批評する活動を通して，これまで学んできたことを改めて自覚するとともに，これからの読書生活でも生かそうとする意欲をもつことをねらいとし，本単元を設定した。

(2) 単元展開の特色

　国語の授業では，文学的文章を連続して扱うことは少ない。教科書に掲載されている題材を使い，年間計画に沿って授業を進めていく。そのため，学びの連続性を意識させるこ

とが重要になる。そこで，単元の最初には文学的文章を学ぶ意義や，これまで学んできたことを確認するようにしている。また，単元の最後には，その単元で学んだことを振り返るとともに，実生活や今後の学びにどのように生かせそうかを考える機会を設けている。その際には，具体を伴った抽象的な言葉でまとめるように促す。例えば，「少年の日の思い出」を学んだときに，「エーミールは実は嫌なやつではないかもしれないということが分かって，自分の読み方が広がった」という振り返りでは，学んだことはよく分かるが次につながるまとめにはなっていない。逆に「語り手に着目すると読み方が深まることが分かった」では，汎用性はあるが学びとの関係性が薄く，授業での学びを伴った知識として定着しづらいのではないかと考える。そこで，前者のように記述している生徒には，どのように読むとそれに気付くことができるのかを問い返すことで，他の作品を読むときにも役立つ形でまとめるように促し，後者のような生徒には，具体例を問い返すことで，抽象的な知識だけでなく具体的な気付きと一緒に記憶するように促している。

　本単元は３年間で扱う最後の小説なので，こうした振り返りを繰り返すことによって蓄積された知識や思考力を活用して，「故郷」の価値を批評するという言語活動を設定した。そのため，初発の感想を書くときからこれまでの学びを意識して書くことを促した。またその感想を交流することで，これまでの学びを学級全体で振り返るきっかけにすることができた。更に，批評する段階においてはこれまでのワークシートを資料として活用することで，自分なりの読み方を追究するように促した。

　また，言語活動を設定する際には，その活動に取り組んでみたい，自分にもできそうだと生徒が思えるような展開が重要になる。そのために，導入時に生徒が意外に思う瞬間を生み出すことや，単元の初めに明確なゴールを示すことを心がけている。本単元においても，まずは，これまでの教科書に掲載された作品を紹介したり，継続して掲載されている題材とそうではない題材があることなどについて具体例を示したりしながら生徒の興味・関心を引き出し，「故郷」という作品が1972年以来全ての教科書に採用されていることを紹介した。すると，初発の感想ではそのよさをあまり感じていなかった多くの生徒から驚きの声が上がったので，それならばその価値を皆で考えて批評しようと投げかけた。こうした導入をすることで，言語活動に必然性が生まれ，生徒は学習に対する見通しをもつことができる。

3 評価

(1) 評価規準

知識・技能	思考・判断・表現	主体的に学習に取り組む態度
①自らの読書生活を振り返り，これまでの学びを踏まえて，読書の意義について理解している。	①「読むこと」において，文章を批判的に読みながら，文章に表れているものの見方や考え方について考えている。 ②「読むこと」において，文章	①今までの学習を生かして自ら進んで「故郷」の価値について考えるとともに，思いや考えを伝え合おうとしている。

| | | の構成や論理の展開，表現の仕方について評価している。 | |

(2) 評価方法のポイント

● 「知識・技能」①の「自らの読書生活を振り返り，これまでの学びを踏まえて，読書の意義について理解している」状況を，「本単元を含めこれまでの学びを踏まえて，読書が自分の人生の支えになることを理解している」姿（「おおむね満足できる」状況（B））と捉え，第6時のワークシートの記述から評価した。

● 「思考・判断・表現」①の「『読むこと』において，文章を批判的に読みながら，文章に表れているものの見方や考え方について考えている」状況を，「登場人物の行動や物語の展開の意味を的確に捉えている」姿（「おおむね満足できる」状況（B））と捉え，第2時のワークシートの記述から評価した。

● 「思考・判断・表現」②の「『読むこと』において，文章の構成や論理の展開，表現の仕方について評価している」状況を，「故郷の価値について，これまでの学びを生かし，根拠を明確にして論じている」姿（「おおむね満足できる」状況（B））と捉え，第3時と第5時のワークシートの記述から評価した。

● 「主体的に学習に取り組む態度」①の「今までの学習を生かして自ら進んで『故郷』の価値について考えるとともに，思いや考えを伝え合おうとしている」状況を，「これまでの学びを生かして初発の感想を書いていたり，故郷の価値について交流する際に，気付いた内容を記述したりしている」姿（「おおむね満足できる」状況（B））と捉え，第1時のワークシートの記述や第4時の交流の様子から評価した。

4 単元の指導計画（全6時間）

時	学習内容	学習活動	評価規準
1	● 「故郷」を読み感想をもつ。 ● 単元の見通しをもつ。	①朗読CDを聞く。 ②初発の感想を書く。	★これまでの学びを生かして初発の感想を書いている。 **態**
2	● 回想場面に注意しながら時間の流れを捉える。 ● 登場人物の関係について捉える。	③あらすじ（時間の流れ，場面，登場人物）について考える。 ④4人グループで交流し発表する。	★あらすじを正しく捉えている。 **思①**
3	● 作品が書かれた時代背景や作者が置かれた状況が作品に影響を与えていることに気付く。 ● これまでに学んできたことを生かして，「故郷」の価値を捉える。	⑤「故郷」が書かれた時代背景についての資料を読む。 ⑥「故郷」の価値について考える。	★これまでの学びを生かして「故郷」の価値について考えている。 **思②**

4	●交流を通して「故郷」の価値について考えを広げたり深めたりする。	⑦「故郷」の価値について考えたことを交流する。	★積極的に他の生徒と交流し，自分の考えを広げたり深めたりしている。 態
5	●交流を通して広げたり深めたりした考えを整理しまとめる。	⑧「故郷」の価値を批評文にまとめる。	★「故郷」の価値について，根拠を明確にして書いている。 思②
6	●これまでの学習を踏まえ，読書の意義について，考えを広げたり深めたりする。	⑨読書の意義について考え，交流する。	★読書の意義について理解している。 知

5 本時の展開①（第2時）

(1) 本時の目標

●物語の展開に注意しながら時間の流れを捉えることができる。

●登場人物の関係や物語における役割を捉えることができる。

(2) 本時の指導案

学習活動	指導上の留意点	評価（方法）
導入 （5分）単元の見通しをもつ。		
①前時に書いた初発の感想を交流する。	●数名の感想について触れながら，「故郷」の価値について批評するという言語活動の共有につなげる。 ●内容理解が難しかったという感想も取り上げ，あらすじを確認するという本時の展開につなげる。	
展開 （33分）時間の流れや登場人物の設定を捉える。		
②あらすじ（時間の流れ，場面，登場人物）について考える。 ③4人グループで交流する。	●時間の流れは冒頭から終末まで何日間が経過しているかを問う。 ●登場人物については，互いの関係性や物語における役割についても考えるように促す。 ●個人の考えをワークシートにまとめた後に4人グループで交流する。その際には，本文の記述を確認しながら話し合うように促す。	★あらすじについて本文の記述を基に考えている。 思① （ワークシート，交流の様子）
まとめ （12分）時間の流れや登場人物の設定を確認する。		
④グループで交流した内容を発表する。	●本文の記述を根拠にしながら発表するように促す。 ●読み間違いをしている場合は，本文の記述を確認しながら，正しい理解を共有する。	★あらすじを正しく捉えている。 思① （ワークシート）

15

⑶ 本時展開のポイント

①読みの土台をつくる

　文学的文章の授業においては，最終的には多様な読みを保障したいと考えている。生徒は互いの読みを尊重し交流していく中で，自分の考えを広げたり深めたりすることができる。そうした多様な読みの土台となるものとして，あらすじを捉えることは全ての題材において行うようにしている。「いつ（時間の流れ）」「どこ（場面）」「だれ（登場人物）」に着目することで，物語の展開を正しく捉えることができる。特に回想場面が多い作品や，登場人物の関係が複雑な場合は，初読の段階で読み間違う生徒もいるので，丁寧に全体で確認したい。また，同じ読み方を繰り返すことで，新しい作品と出会ったときに，自ら活用できる力につなげていきたい。

　本単元においても「故郷」の価値を批評するための土台として，全体であらすじを確認した。その際には，最初から「あらすじを確認しなさい」と教師が示すのではなく，内容がよく分からなかったといった初発の感想を取り上げ，「では，明確に理解するためにはどうしたらいいか」と投げかけることで，生徒自らがこれまでの学習を想起し，三つの観点に沿ってあらすじを捉えることができるような展開を意識した。

②互いの相違点が明確になる発問をする

　発問する際には，生徒それぞれの考えの相違点が明確になるように心がける。そうすることで交流の観点が明確になり，生徒の意欲を引き出せるからである。例えば，物語の中の時間の流れを捉えるときに，「時間の流れが分かるところに線を引きなさい」と指示をする。すると，次はそれを互いに確認し合うだけになってしまい，交流が活性化しない。そこで「冒頭から終末までおよそ何日間が経過しているか」と問う。すると，読み間違いなどから日数に違いが生じる。その結果，その違いの理由はどこにあるのかを明確にするために交流する必然性が生まれる。登場人物については，物語における重要度について順位を付けさせる。順位に違いが生じたときにその理由を交流することで，登場人物が物語で果たす役割についても考えることができる。このように，それぞれの考えの違いを明確化することで，他の生徒の考えを知りたいという意欲を引き出し，交流の活性化につなげる（「8　資料」板書例参照）。

③「個人→小グループ→全体」の流れをつくる

　本時に限らず，日頃から授業では学び合いが行われている。そこで，大切にしたいのが，生徒自らが学び合いに向かう姿勢である。交流の時間を取るだけでは形式だけのものになってしまう場合もある。学び合いを機能させるためには，まずは個人で考える機会を保障しなくてはならない。そこで，②で示したように相違点が明確になる課題を示すなどして，他の生徒の意見も参考にしたいと思う意欲を高める。すると，生徒は自然に他の生徒に尋ねるようになる。そうした場面を捉えて小グループでの交流を促す。また，全体での発表というゴールを明確にすることで，交流の方向性も定めることができる。全体で発表する際には，グループごとに発表するので自信をもって発表することができ，全体での交流も

活性化する。本時でもこうした流れを意識して，あらすじを捉えることとした。

6 本時の展開（第3・4時）

(1) 本時の目標

●これまでの学びを生かして「故郷」の価値について考えることができる。

●他の生徒と交流し，自分の考えを広げたり深めたりすることができる。

(2) 本時の指導案

学習活動	指導上の留意点	評価（方法）
導入（15分）本時の見通しをもつ。		
①あらすじを確認する。 ②資料（便覧）を読む。	●前時に確認したあらすじを踏まえて，「故郷」の価値を批評することを伝える。 ●「故郷」が書かれたときの社会や作者が置かれた状況をまとめた資料を紹介する。	
展開（70分）「故郷」の価値を批評する		
③「故郷」の価値について個人で考える。 ④「故郷」の価値について互いの考えを交流する。	●「故郷」の価値について根拠を明確にして記述するように促す。 ●文学的文章の単元で自分が書いた振り返りのワークシートを参考にするように促す。 ●それぞれが考えた価値を一言でまとめたものを黒板に貼り出す。 ●黒板に示された言葉の中から，興味をもった人のワークシートを読みに行くように促す。	★これまでの学びを生かして「故郷」の価値について考えている。思②（ワークシート） ★積極的に他の生徒と交流し，自分の考えを広げたり深めたりしている。態（交流の様子）
まとめ（15分）本時を振り返り，次時への見通しをもつ。		
⑤交流を通して気付いた「故郷」の価値を確認する。	●他の生徒の考えを参考に，自分の考えを深めたり，新たな視点から考えた価値を書き加えたりするように促す。 ●本時で考えたことを次時で批評文にまとめることを伝える。	★他の生徒の考えを参考にして「故郷」の価値について考えている。思②（ワークシート）

(3) 本時の展開のポイント

①新しい読み方を提示する

　1・2年次の授業では作品が書かれた背景や作者の置かれた境遇などについて詳細に取り上げることはなかった。しかし，「故郷」には当時の社会情勢が色濃く反映されており，それを理解することは価値を論じる上で重要になる。そこで，前時にあらすじを確認したときに，登場人物の設定について考える機会を設けた。すると，作品中の語り手が現実の

作者と重なる部分が多いことや，ルントウやヤンおばさんが当時の人々の様子を象徴する人物として描かれていることに気付く。そうした意見を取り上げ，本時では，当時の社会の様子について示された資料（便覧）を示し，物語に描かれているものの見方や考え方を読み取るためには，その作品が書かれた背景も参考になることを紹介した。

②これまでの学びを生かす

「故郷」には，①で述べたような現実社会とのつながりを意識した読み方の他にも，風景の描写，登場人物の設定，回想場面を取り入れた展開など，着目したい観点は多々ある。本単元では，生徒自身がこれまでの学びを生かしてこうした観点に気付き，「故郷」の価値について考えることをねらいとしている。そのための資料となるのがこれまでの学習で用いたワークシートとなる。これまでの学習でも，単元の最初にそれまでの学びを振り返ることと，最後に単元の学びを振り返ることを継続して行ってきた。例えば，「故郷」の直近に扱った「握手」の単元では，「回想場面に着目して読むことで現在と過去との対比が明確になり，『ルロイ修道士』と『わたし』の関係について読み取ることができた」といった振り返りがなされている。それらを確認することで，「故郷」を読むための観点に気付くことができる。また，一人の読み方は限られるが，他の生徒との交流を通して，様々な読み方を確認することもできる。このように，これまでの学びを生かして自分なりの読み方をすることと，他者との関わりを通して自らの読みを広げる経験を，実生活に通じる読むことの力につなげていきたい。

③互いの考えを可視化する

生徒たちの互いの考えに対する興味は総じて高い。その一方で自分の考えを発信することには消極的な生徒が多い。そこで，互いの考えを可視化して交流のきっかけとする。まず，それぞれの考えを一言でまとめ，Ａ４用紙に大きく書く。それをネームプレートで黒板に貼り，全員の考えを一覧することができるようにする。その中には意外性のある言葉が混ざっていることが多く，より詳しく内容を知りたいという生徒の意欲を引き出すことができる。また，それぞれの考えが分かることで，自分と似た考えの人を探したり，全く異なる観点で考えている人を探したりすることもでき，自分の目的に合わせて交流することもしやすくなる（「8　資料」板書例参照）。

④交流に目的をもたせる

他の生徒の考えに対する興味・関心から意欲を引き出して交流を開始しても，その目的が明確でなければ有効に機能しない。本時においては，自分と似た観点から考えている人の意見を参考にして自分の考えを深めることと，異なる観点から考えている人の意見を参考にして考えを広げることを目的とした。具体的には，「故郷」の価値について記述するワークシートに三つの枠を設け，個人で考えるときには，その内の一つ，もしくは二つの枠に書き込んでおく。残りの枠には，交流した結果新たに気付いた価値について書くように促す。生徒は交流をしながら，事前に書いた枠に新たな考えを付け足したり，残りの枠に新たな価値を書き加えたりする。このような枠を設けて，やるべきことを明確にするこ

とで，生徒は目的を意識して交流に臨むことができるようになる（「8　資料」ワークシート参照）。

7 生徒の学びの姿

⑴「長くて難しそう」から「深くて価値がありそう」へ

　教科書の「故郷」のページを開くと，生徒の口からは「長い！」という声が上がる。初発の感想にも，「長くてなかなか頭に入らなかった」「回想場面の切れ目が分かりづらい」「中国のことなので難しい」などという記述が見られた。そこで，まずは感想を交流する場面を設けた。すると，一読では理解が難しかった場面について，互いに確認する姿が見られた。続いて，「故郷」という作品が1972年以来全ての教科書に採用されていることを紹介した。すると驚きの声が上がり，「じっくり読めば価値がありそうな作品だということは分かる」と言った意見も出された。その後，あらすじや当時の社会情勢について確認し，「故郷」の価値を書く場面では，先述のような感想を書いていた生徒も「回想場面が入っていることにより『私』とルントウの対比が明確になっていた」などと，自分の考えを書くことができた。

⑵「故郷」の価値に迫る

　「故郷」の価値を考える場面では，過去のワークシートを見返しながら，自分の考えをまとめる姿が見られた。なかなか書き出すことができない生徒については，机間指導をしながら，印象に残った場面とその理由を尋ねたり，これまでに学んだことが「故郷」の読み取りとどうつながるかを確認したりしながら，個別に支援を行った。

　交流の際には，まずそれぞれの考える「価値」を一言でまとめ，黒板に貼り出した段階で，他の生徒がどのように考えているのかに興味を示していた。意外な表現を見付けると，それを書いた生徒に意味を尋ねるなど，交流への意欲は高まっていた。実際に交流を始めると，黒板に貼られた言葉を頼りに，他の生徒が書いたワークシートを読みに行き，そこで気付いたことを自分のワークシートに書き加えていた。

　そのワークシートを基に書いた批評文の例を以下に示す。

　「故郷」の価値は作者（魯迅）の強いメッセージ性にあると考える。そして，そのメッセージは，構成と描写によって印象的に表現されている。

　「故郷」の構成の特徴は，回想部がとても長く具体的に書かれている点にあると思う。この物語は作者の実体験をもとに作られているため，リアルな描写が多い。だからこそ，変わり果てたルントウとの再会は，読者に強い印象を与える。

　次は，描写についてだ。作中では，強烈な対比と何度も出会う。ルントウは「小英雄」から「でくのぼう」に，ヤンおばさんは「豆腐屋小町」から「コンパス」に姿を変えた。そして「私」の故郷も寂寥を感じるほどに廃れてしまった。だが，注目したい表現が一つある。それは「紺碧の空に，金色の丸い月が懸かっている」という一文だ。これは，

回想部の冒頭と最後の段落の二ヵ所に登場する。ここからも，変わらぬ自然と変わってしまう人間の営みが無意識のうちに対比されていたのだと思い，この作品の価値の大きさを知った。

8 資料

(1) 板書例

①第2時の板書

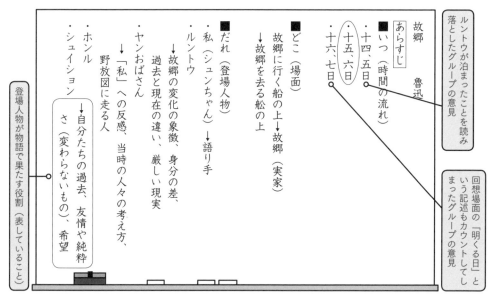

②第3・4時の板書

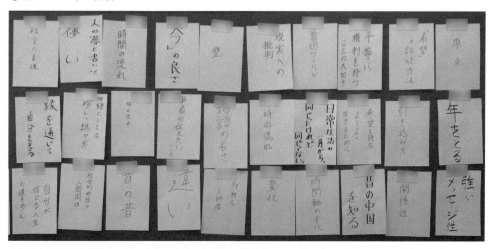

それぞれが考えた価値を一言でまとめたものを黒板に貼り出し，一覧できるようにする。交流のときには，これを参考にして自分と同じ考えの人や異なる考えの人を探し，ワークシートを読みに行く。

(2) ワークシート

①「故郷」の価値（第3・4時で使用）

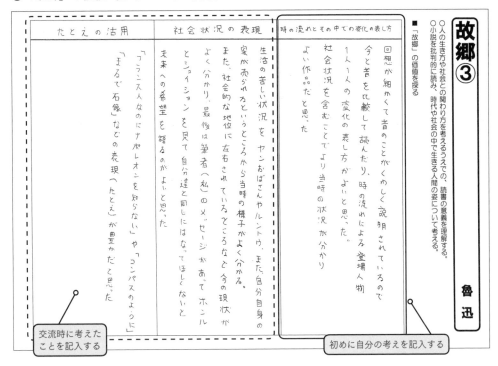

故郷③　魯迅

■「故郷」の価値を探る
○人の生き方や社会との関わり方を考えるうえでの、読書の意義を理解する。
○小説を批判的に読み、時代や社会の中で生きる人間の姿について考える。

時の流れとその中での変化の表し方

回想が細かくて昔のことがくわしく説明されているので今と昔を比較して読んだり、時の流れによる登場人物1人1人の変化の表し方がよいと思った。社会状況を含むことでより当時の状況が分かりよい作品だと思った。

社会状況の表現

生活の苦しい状況をヤンおばさんやルントウ、また自分自身の家が売られたというところから当時の様子がよく分かる。また、社会的な地位に左右されているところなど今の現状がよく分かり、最後は筆者（私）のメッセージがあってホンルとシュイションを見て自分達と同じにはなってほしくないと未来への希望を語るのがよいと思った。

たとえの活用

「フランス人なのにナポレオンを知らない」や「コンパスのように」「まるで石像」などの表現（たとえ）が豊かだと思った。

［初めに自分の考えを記入する］

［交流時に考えたことを記入する］

②読書の価値（第6時で使用）

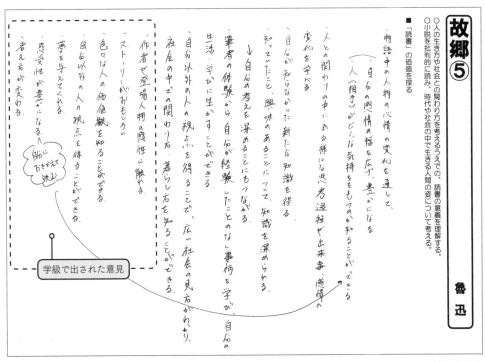

故郷⑤　魯迅

■「読書」の価値を探る
○人の生き方や社会との関わり方を考えるうえでの、読書の意義を理解する。
○小説を批判的に読み、時代や社会の中で生きる人間の姿について考える。

・物語中の人物の心情の変化を通して、自分の感情の幅を広げ、豊かになる

（人（相手）がどんな気持ちをもつのか知ることができる）

・人との関わりの中にある様々な思考過程や出来事、感情の変化を学ぶ

・自分が知らなかった新たな知識を得る

・知っていたこと、興味のあることについて、知識を深められる

・自分の考えを深めることにもつながる

・筆者の体験から、自分が経験したことのない事柄を学び、自分の生活・学びに生かすことができる

・自分以外の人の視点を得ることで、広い社会の見方が変わり、社会の中での関わり方、暮らし方を知ることができる

・色々な人の価値観を知ることができる

・自分以外の人の視点を得ることができる

・作者や登場人物の感性に触れる

・ストーリーがおもしろい

・感受性が豊かになる

・夢を与えてくれる

・考え方が変わる

（脳に汗をかいて読む）

［学級で出された意見］

〈新井　拓〉

「マイベスト訳文」を決めよう
～対話によって, 文章を批評する授業を通して～

1 単元の目標

● 理解したり表現したりするために必要な語句の量を増し, 慣用句や四字熟語などについて理解を深め, 話や文章の中で使うとともに, 和語, 漢語, 外来語などを使い分けることを通して, 語感を磨き語彙を豊かにすることができる。　　　　〔知識及び技能〕(1)イ

● 文章を批判的に読みながら, 文章に表れているものの見方や考え方について考えることができる。　　　　〔思考力, 判断力, 表現力等〕C(1)イ

● 文章の構成や論理の展開, 表現の仕方について評価することができる。

　　　　〔思考力, 判断力, 表現力等〕C(1)ウ

● 言葉がもつ価値を認識するとともに, 読書を生活に役立て, 我が国の言語文化を大切にして, 思いや考えを伝え合おうとする。　　　　〔学びに向かう力, 人間性等〕

2 単元の設定

(1) 単元設定の理由

　授業を行った学年は, 国語科の授業への関心が高い一方, 苦手意識をもっている生徒が多い。しかし, 語彙力を高める「語彙ノート」や一つ一つの言葉にこだわって授業に取り組んできた成果として, 少しずつ国語の力を伸ばし, 自信を付けてきた。また, 交流を目的とした対話活動には意欲的である。ところが, 生徒の学力には差が見られ, 「読むこと」においてはおおよその生徒が及第点に達しているものの, 文章表現の工夫を読み取る力に乏しさが見られる。また, 主張を述べるとき, 根拠を示したり, 理由付けをしたりする意識はあるものの, 技能として定着するまでには至っていない。これらの現状を踏まえ, 2年次からは新しいものの見方を探るために, 文章の書かれ方に着目させ作者の意図を読み取らせたり, 3年次からは教材文を関連のある文章と比較し, 評価をさせたりしている。

　さて, 今回の言語活動である訳文の比較だが, 外国語文学であるという前提があるものの, 初読の時点では生徒たちは, 教科書本文以外の訳文の存在を意識することはない。そこで, 既習の文学作品（「ゼブラ」「走れメロス」）を想起させ, 自分たちで設定した学習課題の解決と作品の魅力に迫る手段として, 本文以外の文章との比較が有効であることに気付かせる。対話活動に意欲的な点から, 更に主体的な学習を促すために, ジグソー型の交流を取り入れた。そして, 何度も作品を読む機会を設け, 文学作品を読むことが得意な

生徒も苦手な生徒も，比較した部分を根拠とし自分の考えを伝える活動を重ねて行うことを通して，評価する力を身に付けさせることを目指す。

(2) 単元展開の特色

　本単元では，文学作品を異なる訳者によって読み比べ，自分にとってベストな表現について考えるという学習活動を設定した。読み比べる作品は，教科書に掲載されている竹内好訳の『故郷』と光文社発行の藤井省三訳の『故郷』である。外国文学における作品世界は，訳者によって大きく異なる。長年読み親しまれてきた教科書掲載作品である魯迅の「故郷」だが，異なる訳者による二つの「故郷」を教材として提示することで，内容だけでなく構成や展開，表現に注目する必然性が生まれると考えた。そして，二つの作品を比べ読みすることで，批評する力，文章を評価しながら読む力の育成を行う。

①「初読の感想の交流」から学習課題を自分たちで設定する学習活動

　主体的な学びを促すためにも，生徒の意見から学習活動の設定を行った。共感的な意見，批判的な意見，疑問，文章の構成や展開・表現に関する意見の四つを観点として自分の感想を分類させ，感想を交流する中で，意見の共有を図る。作品の魅力に迫るための学習課題設定を生徒自らに委ねることで「個別最適な学び」につなげたいと考えた。

②二つの訳文を比較し，表現の効果について考える学習活動

　異なる二つの文章を比較する言語活動は，新学習指導要領の「C 読むこと」の言語活動例に示されている「論説や報道などの文章」だけではなく，文学作品でも有効であると考える。今回の翻訳文であれば，その表現の違いは訳者の意図の違いであり，読者である生徒は異なる訳文の比較から作品の見方を更新することで，深い読みにつながるものと考える。

③ジグソー型の交流から作品の主題を深く考える学習活動

　作品の山場であり，訳文の違いが顕著に表れている「私」とルントウの再開の場面を基に，終末部分をジグソー型の交流によって，作品を読み深める活動を行った。グループで表現の細部まで比較することにより，作品の解釈を個人の中で何度も捉え直させたいと考えた。

3 評価

(1) 評価規準

知識・技能	思考・判断・表現	主体的に学習に取り組む態度
①理解したり表現したりするために必要な語句の量を増し，慣用句や四字熟語などについて理解を深め，話や文章の中で使うとともに，和語，漢語，外来語などを使い分ける	①「読むこと」において，文章を批判的に読みながら，文章に表れているものの見方や考え方について考えている。 ②「読むこと」において，文章の構成や論理の展開，表現の仕方について評価している。	①自分の設定した学習課題を解決するために，作品について感じたことや解決のために必要なものの見方や考え方を記録している。 ②本文の解釈を行い，自分にとってベストな訳文は何かとい

| | ことを通して，語感を磨き語彙を豊かにしている。 | うことについて考え，何度も訳文を比較し，解釈を更新しようとしている。 |

(2) 評価方法のポイント

① 「知識・技能」を見取る評価の工夫

同じ場面で使われている異なる語句などに注目し，辞書的な意味と文脈から考えられる意味とを照らし合わせ，作品の解釈に生かしたり「語彙ノート」に記録をしたりしていることを見取るようにした。

② 「思考・判断・表現」を見取る評価の工夫

全ての時間で評価をするわけではなく，評価の軸となる本時のワークシートで評価を行った。また，授業後の振り返りの場面で授業記録を記述させ，指導者がコメントをし，理解度の評価を言葉でフィードバックすることで形成的評価を行い，次の課題に向けての観点を生徒が意識できるようにした。

③ 「主体的に学習に取り組む態度」の評価

毎時間の振り返りシートの記入，教師とのやり取りから，生徒自らが自分自身の学びを意識できるようにした。そして，ワークシートからは，何度も書き込みを加えていく様子や実際に記述されたものから粘り強さと自らの学びを調整する姿を見取るようにした。

4 単元の指導評価（全7時間）

	学習内容	学習活動	評価規準
1	●文章全体の構成や展開，語句の意味などを確認しながら，学習課題を見付ける。	①これまで学習した文学的文章を想起し，様々な観点から初読の感想を書く。	★分からない語句をノートにメモし，辞書等を用いて意味を確認している。 知
2	●初読の感想から単元の目標となる学習課題を決定する。	②初読の感想集を作成し，作品を評価するという観点から，「マイベスト訳文」を決めるという課題を設定する。	★ワークシートに課題を設定する過程を書こうとしている。 態①
3・4・5	●文章を精読する。	③「私」の視点から語られていることに留意しながら，登場人物の人物像を整理する。 ④作品に表れる描写に着目し，登場人物の心情の変化を整理する。 ⑤作品における山場（クライマックス）について考え，作品の主題について考え	★「語彙ノート」を活用し，語句の意味を本文の内容と照応させて確認している。 知

	学習活動	指導上の留意点	評価（方法）
6	●二つの訳文を読み比べ，自分の考えをまとめる。	⑥読み比べる部分について，自分の解釈をまとめる。 ⑦「マイベスト訳文」を選ぶ。	★作品の中の表現に着目して読み，自分の考えを述べながら作品を評価している。**思②**
7	●「マイベスト訳文」を基にして，交流を行い，作品の主題について考える。	⑧同じ部分を読み比べたメンバーで構成されるグループで自分の解釈を交流する。 ⑨元のグループに戻り，二つの訳文から考えられる主題について考える。	★自分の考えと仲間の考えを比べ，何度も本文の表現について検討し，解釈を吟味している。**態②** ★作品に表れている人間の見方，考え方について，自分の意見を検討している。**思①**

5 本時の展開① （第6時）

(1) 本時の目標

●二つの訳文を読み比べ，「マイベスト訳文」を決めることができる。

(2) 本時の指導案

学習活動	指導上の留意点	評価（方法）
導入 （5分）訳文を読み比べる部分の状況を確認する。		
①登場人物の人物像や境遇について確認をする。	●訳文について考える際の先入観とならないように，作品の内容や表現についての個人の評価は述べずに，書かれている事実のみを確認する。	★前時までを振り返り，記録を見直そうとしている。**態②** （発言）
展開 （35分）「マイベスト訳文」を決める。		
②読み比べる部分について，自分の解釈をまとめる。 ③「マイベスト訳文」を決める。 ④「マイベスト訳文」を交流する。	●登場人物の人物像と心情の変化，作品中の描写の特徴，表現されている語句を根拠に解釈をさせる。 ●自分の解釈を加えるときと同様に根拠を明確にし，決定する。 ●竹内好訳と藤井省三訳の特徴を話しながらも，表現の違いに言及した交流になるようにする。	★根拠を明確にし，二つの訳文について評価している。**思②** （ワークシート）
まとめ （10分）授業の振り返りを行う。		
⑤振り返りシートに授業の振り返りを書く。 ⑥振り返りを交流する。	●「振り返り≠感想」ということを確認する。 ●今日の学びが，次回どのようなことにつながるかを交流させる。	

⑶ 本時展開のポイント

①訳文の比較による「見方・考え方」の更新

　生徒は，前時までの学習で「故郷」という作品を自分なりに理解し，価値付けている。そこで，表現の異なるもう一つの訳文と教科書本文を比較することにより，生徒の読みにゆさぶりをかけた。比較自体がポイントとなるが，今回，特に本時の導入と展開の接続時に工夫を加えた。竹内訳で理解していた生徒たちに藤井訳を提示する際に，目の前にある世界だけで物事を判断し，価値付けることがいかに愚かなことか，また，「言葉の力」がいかに偉大かを説き，ドラマチックな提示を試みた。

②根拠を明確にした「マイベスト訳文」の決定

　生徒の思考力や思考の変容は成果物（ワークシート）に書かれているものから判断しなくてはならない。しかし，それでは自分の思考を書くことができない生徒は思考力がないかと言われれば，それは否である。そこで，生徒の実態に鑑み，作品の評価を文章にして書かせることは行わず，自分の作品解釈に合った訳を選んで決めるという活動を設定した。その際に工夫した点は，自分の解釈の根拠は短い文章，または箇条書きでもよいので必ず複数箇所挙げ，その考察も短いものでよいので必ず書くようにさせた。

③対話による考えの深まりとメタ認知

　本時では，小グループでの交流の場面を2回設けた。1回目は「マイベスト訳文」を決めた後，グループの仲間の意見を聞く場面。2回目は個人での振り返りの後，次回の見通しをもつ場面である。本時の1回目の交流の時点では，まだ，「マイベスト訳文」は決定ではなく暫定であると伝えた。比較の観点が異なる仲間との交流で，自分にはなかった比較の視点を必ずワークシートに記録させ，もう一度吟味するときの材料にできるようにした。また，振り返りを交流することで本時の学びをメタ化させるとともに，次回主体的に学習に取り組むための動機付けとした。

6 本時の展開② 〔第7時〕

⑴ 本時の目標

●作品の主題から，「マイベスト訳文」を決めることができる。

⑵ 本時の指導案

学習活動	指導上の留意点	評価（方法）
導入（10分）終末部分の状況を確認する。		
①比較の観点を確認する。 ②前回決めた「マイベスト訳文」の部分が，竹内訳と藤井訳のどちらかを確認し，グループに分かれる。	●前時の交流で得た，自分にはなかった比較の観点を積極的に挙げさせる。 ●「マイベスト訳文」は，どちらの訳文が好みかではなく，表現に着目し，どちらの表現が自分の解釈にふさわしいかで判断することを確認する。	★前時までを振り返り，記録を見直そうとしている。**態②** （発言）

③終末部分の表現を比較し，主題についてグループで話し合う。	●訳文の比較から表現に関して，共通点を付箋紙に書き，ホワイトボードに貼らせる。そこから作品の主題について話し合う。 ●話合いの後に，最終的な「マイベスト訳文」を個人で決めることを意識して，グループ活動に参加させる。	★根拠を明確にし，二つの訳文について評価している。思②（発言，ワークシート） ★主題を捉えるために必要な本文中の重要な語句を付箋紙に書いてまとめようとしている。知（付箋紙，ワークシート）
④グループで考えた主題を発表する。ホワイトボードを使い１分間プレゼンテーションを行う。 ⑤「マイベスト訳文」を決定する。	●ホワイトボードに短い言葉で主題をまとめさせる。 ●発表時は，根拠を明確にして説明させる。 ●決め方は前時と同じであることを伝える。 ●なぜ，選んだ訳文がマイベストなのか，複数の根拠を挙げてまとめるようにさせる。	★二つの訳文に表れている考え方と自分の解釈を比較している。思①（ワークシート）

まとめ（5分）授業の振り返りを行う。

⑤振り返りシートに授業の振り返りを書く。	●「マイベスト訳文」を決定するまでの過程を踏まえて書くようにさせる。	

(3) 本時展開のポイント

①訳者ごとのグループに分かれての話合い活動

　これまで，国語が苦手な生徒ほど，自分の考えの根拠を本文中の表現に求めず，単なる好き嫌いや感覚で選んでしまう傾向にあった。今回は，訳者で決めるのではなく，表現から決めることを意識させたが，当然，文章の書き方の好みはある。そんな好みで決めないように，また，学力差があるという現状から，個から全体へというプロセスだけではなく，全体から個へと返るような，ジグソー学習による交流を取り入れた。工夫としては，交流の形態そのものが工夫であるが，やはり，訳者ごとに特徴があるため，訳者ごとのグループ編成で交流活動を行ったことが挙げられる。一方で，前述の第７時の指導上の留意点に「『マイベスト訳文』は，どちらの訳文が好みかではなく，表現に着目し，どちらの表現が自分の解釈にふさわしいかで判断することを確認する」ことを挙げた。このことは，意識させるために繰り返し伝えていたが，グループ分けの観点を「訳者ごと」にしてしまったため，どちらの訳者の訳がマイベストかという誤ったメッセージにつながってしまった。

②誰でもできる付箋紙とホワイトボードによる交流と発表

　グループワークにおける付箋紙とホワイトボードの活用は，既に工夫とは呼べなくなっ

てきている。付箋紙もホワイトボードもこれまでの思考ツール以上の活用が求められている。一人一台PCの導入により，グループ活動の形態自体が変化する可能性の中で，「付箋紙に何を書くか」「どのようにまとめるか」ということに留意しながら授業を展開した。書く内容については，表現を比較できるように同一箇所を並べて記述するようにした。まとめ方については，解釈ごとにグルーピングさせた。このようなまとめ方により，ホワイトボードには解釈と根拠となる部分が併せてまとめてあるため，あとは「マイベスト訳文」を合わせるだけで，グループのメンバーも発表を聞く聴衆も一目瞭然の発表を行うことができる。いつも決まった生徒が話合いの司会を務め，決まった人が発表を行う場面が多く見られた現状がある。そこで，話合いの段階から，誰でもホワイトボードをまとめられ，誰もが発表できる仕組みを整えた。

7 生徒の学びの姿

(1)「思考力・判断力・表現力」の変容（Aさんの場合）
①第6時のワークシート

≪マイベスト訳文≫

　頭の中を駆け巡るだけで、口からは出なかった。【竹内訳】

≪選定の理由≫

　過去の回想の場面から，「私」はルントウと今でも対等な立場を願っているけれど，現実はそういうわけにもいきません。再開の喜びから，過去の美しい思い出を話したい気持ちはあるけれど，目の前の貧しい生活で変わり果てたルントウを前に，思い出の言葉は頭に浮かんでいるけれど，口に出すことができず何も言えない様子を表す竹内訳がいいと思いました。「言葉にならなかった。【藤井訳】」は，驚きでパニックになって，うまく考えがまとまらず，言葉にすらならない感じがしたので，私の感じ方と違うと思いました。

---

②第7時のワークシート

≪マイベスト訳文≫

　僕にもわかった、二人のあいだはすでに悲しい厚い壁で隔てられているのだ。僕も言葉が出てこなかった。【藤井訳】

≪選定の理由≫

　終末部分から，『故郷』のテーマは希望だと思いました。しかし，「私」とルントウの描く希望はそれぞれ違います。そのことを初めて理解したのが再会の場面だと思いました。竹内訳には藤井訳の「僕にもわかった」の部分はありません。「旦那様」の一言をきちんと受け止め，それぞれの道を歩いていくことを決意する「私」にピッタリだと思

いました。

　Ａさんは，第６時では既に表現の違いから「マイベスト訳文」を考えることができているが，第７時で主題を考えたことにより，再会の場面の違う部分を「マイベスト訳文」に選んだ。何度も本文を読み返し，自分自身の考えを更新する姿が見られた。

(2)「自らの学習を調整しようとする側面」の見取り（Ｂさん，Ｃさんの場合）

	本時の目標	振り返り（Ｂさん）	振り返り（Ｃさん）
第６時	二つの訳文を読み比べ，「マイベスト訳文」を決めよう。	訳者によって表現が違っても同じ作品と言えるのか。藤井訳の方がしっくりくる気がするが，なぜかはまだわからないので，次回探っていきたい。	「マイベスト」を決められたかはわからない。なぜなら，選んだ理由や根拠がまだあいまいだからだ。次回は，もう一度両方の訳文を読み返したい。
第７時	作品の主題から，「マイベスト訳文」を決めよう。	「マイベスト訳文」を決めるために，細かいところまで読む必要があった。助詞一字でも大きく解釈が変わった。	藤井訳を読むと竹内訳の良さが見える。最終的に自分の解釈に合う部分を根拠として挙げることができた。

　Ｂさんも Ｃさんも，本時の学びを次に生かそうとする姿は見取れた。特に Ｃさんは，自身の学習課題を明確にもち，第６時から第７時にかけて調整する姿が見られた。

8 資料

(1) 板書例（第７時）

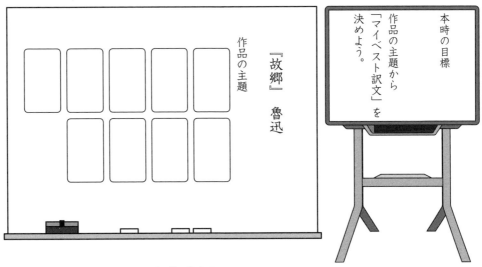

※生徒の成果物や本時の生徒の気付き等は板書する。
　発問や前時までの内容は，モニターに映す。

(2) ワークシート（第6時）

①配付ワークシート

『故郷』ワークシート

○比較箇所【ルントウとの再会】（教科書一二六頁七行目 ～ 一七行目）

教科書（光村図書）　竹内 好（たけうち よしみ）訳

私は、感激で胸がいっぱいになり、しかしどう口をきいたものやら思案がつかぬままに、ひと言、

「ああルンちゃん――よく来たね……。」

続いて言いたいことが、後から後から、数珠つなぎになって出かかった。チアオチー、跳ね魚、貝殻、チャー……。だが、それらは、何かでせき止められたように、頭の中を駆け巡るだけで、口からは出なかった。

彼は突っ立ったままだった。喜びと寂しさの色が顔に現れた。唇が動いたが、声にはならなかった。最後に、うやうやしい態度に変わって、はっきりこう言った。

「旦那様！　……。」

私は身震いしたらしかった。悲しむべき厚い壁が、二人の間を隔ててしまったのを感じた。私は口がきけなかった。

古典新訳文庫（光文社）　藤井 省三（ふじい しょうぞう）訳

僕はこのときうれしさのあまり、何と言ってよいのかわからず、ひとことこう言った。

「わあ！　閏兄ちゃん――いらっしゃい……」

続けて話したいことが山ほど、次々と湧き出てきた。角鶏（チアオチー）、跳び魚、貝殻、チャー……しかし何かに邪魔されているようで、頭のなかをグルグル駆けめぐるばかり、言葉にならないのだ。

立ちつくす彼の顔には、喜びと寂しさの色が入り交じり、唇は動いたものの、声にならない。やがて彼の態度は恭しいものとなり、はっきり僕をこう呼んだのだ。

「旦那様！　……」

僕は身ぶるいしたのではないか。僕にもわかった、二人のあいだはすでに悲しい厚い壁で隔てられているのだ。僕も言葉が出てこなかった。

30

②生徒のチェック箇所

生徒のチェック箇所

○比較箇所【ルントウとの再会】(教科書一一六頁七行目 ～ 一七行目)

教科書（光村図書）　竹内　好 訳

①私は、②感激で胸がいっぱいになり、しかしどう口をきいたものやら思案がつかぬままに、③ひと言、

④「ああルンちゃん——よく来たね……。」

続いて⑤言いたいことが、⑥後から後から、数珠つなぎになって出かかった。チアオチー、跳ね魚、貝殻、チャー……。だが、それらは、何かでせき止められたように、⑦頭の中を駆け巡るだけで、口からは出なかった。

⑧彼は突っ立ったままだった。喜びと寂しさの色が顔に現れた。唇が動いたが、声にはならなかった。最後に、うやうやしい態度に変わって、⑨はっきりこう言った。

「旦那様！……。」

⑩私は身震いしたらしかった。⑪悲しむべき厚い壁が、二人の間を隔ててしまったのを感じた。⑫私は口がきけなかった。

古典新訳文庫（光文社）　藤井　省三 訳

①僕はこのとき②うれしさのあまり、何と言ってよいのかわからず、③ひとことこう言った。

④「わあ！閏兄ちゃん——いらっしゃい……」

続けて⑤話したいことが⑥山ほど、次々と湧き出てきた。角鶏、跳び魚、貝殻、チャー……しかし何かに邪魔されているようで、⑦頭のなかをグルグル駆けめぐるばかり、言葉にならないのだ。

⑧立ちつくす彼の顔には、喜びと寂しさの色が入り交じり、唇は動いたものの、声にならない。やがて彼の態度は恭しいものとなり、⑨はっきり僕をこう呼んだのだ。

「旦那様！……」

⑩僕は身ぶるいしたのではないか。⑪僕にもわかった、二人のあいだはすでに悲しい厚い壁で隔てられているのだ。⑫僕も言葉が出てこなかった。

① 呼称	② 表現	③ 表現
④ 会話文（呼びかけの呼称）	⑤ 表現	⑥ 表現
⑦ 表現（擬態語の有無）	⑧ 文の長さ	⑨ 呼称の有無
⑩ 表現	⑪ 語順	⑫ 表現（助詞）

〈若尾　大樹〉

31

「故郷」の背景や表現について
調べ学習を行い，
主人公以外の視点でリライトする

1 単元の目標

●理解したり表現したりするために必要な語句の量を増し，話や文章の中で使うとともに，語感を磨き語彙を豊かにすることができる。　　〔知識及び技能〕(1)イ

●文章の種類を踏まえて，論理や物語の展開の仕方などを捉えることができる。
〔思考力，判断力，表現力等〕C(1)ア

●文章を読んで考えを広げたり深めたりして，人間，社会，自然などについて，自分の意見をもつことができる。　　〔思考力，判断力，表現力等〕C(1)エ

●言葉がもつ価値を認識するとともに，読書を通して自己を向上させ，我が国の言語文化に関わり，思いや考えを伝え合おうとする。　　〔学びに向かう力，人間性等〕

2 単元の設定

(1) 単元設定の理由

　本単元は「人間，社会について自分の意見をもつことができる」ことを目標とした。この理由について，生徒の実態を踏まえながら以下の三つの視点を挙げたい。

①現代社会における諸問題との関係

　本作品は，主人公が少年期を過ごした場所に時を隔て訪れ，変わり果ててしまった人々との再会を通して，その心を激しく動かす様子を描いた作品である。登場人物たちの悲しみ，苦しみ，おごり，遠慮，利害などがその言動によって描かれている。この様子は，近年は国内外で取り沙汰される社会の分断や，格差による貧困といった社会問題と重なる。生徒自身はそのような社会問題を身近なものとして考えてはいないかもしれない。しかし，「悲しむべき厚い壁」は連日報道され，作品に描かれている世界は，過去のものでも異国の地での話でもない。生徒が作品を読み込むことにより，この問題を身近に感じ，深く考える機会としたい。

②義務教育の最終年に学ぶことの意義

　義務教育の最終年となる生徒は，いやがうえにも自分の将来を具体的に考え始めなければならない。生徒たちは具体的な目標をもち希望にあふれている。その反面，自分自身を理解しようにもうまく分析できず，将来の自分を具体的に思い描けないでいる者も多い。自分自身と他者との違いを明確に意識するようになり，とまどったり，苦しんだりするこ

ともある。

　作品では，甥っ子がいるような自分たちより遙かに年齢の高い大人が，輝くばかりの思い出を砕かれ驚愕し失望する。更に追い打ちをかけるようなつらい出来事に深く傷付き，絶望ともいえる感情を抱きながら故郷を後にする。この様子は生徒にとって，現在と将来の自分自身の在り様を考える上で大きな材料となる。描かれている世界は，暗く悲痛なものであるが，義務教育を終える学齢において，生徒たちが自分たちの未来をより深く考える格好の教材であるといえる。

③「答えのない問い」について考えること

　主人公は故郷を離れる船の中で，様々な思いを巡らせる。そして終末で「希望」を「道」になぞらえ「歩く人が多くなれば，それが道になる」との考えに至る。この姿は先の見えない状況を憂いながらも，自ら考え結論を見いだしたものであり，「答えのない問いに対し，苦悩の中で得た一つの考え」であるといえる。このような「答えのない問い」について考えることは，学習指導要領解説の総則編にある「子供たちが様々な変化に積極的に向き合い（中略），複雑な状況変化の中で目的を再構築する」姿と重なる。本授業では主人公以外の登場人物の視点に立ち，作品をリライトする。作品に描かれていない心の動きを具体的に想像させる活動に取り組み，登場人物たちの複雑な心を丁寧に想像させることにより，作品への理解を深め，文学を通して，未来を生きる自分自身を考える授業としたい。

⑵ 単元展開の特色

　「故郷」の指導では，作品を読む際，当時の中国の歴史的背景や作者の生き方などを学習する必要はないとされる場合がある。しかし，本授業では，生徒に魯迅が母国の近代化に人生を捧げ，伝えようとしたことを現実の歴史から感じさせるというねらいから，作品についての調べ学習を行う。この作品が近代中国の歴史を背景として書かれていることに注目させることにより，より現実的に社会を捉える手がかりとしたい。また，調べ学習には，学校図書館を積極的に活用した。学習指導要領にも図書館の利用促進が述べられているとおり，学校図書館の情報センター，学習センターとしての役割が一層重視されているからである。

　今回の授業は「読むこと」の学習過程で「考えの形成・共有」を学ぶ。「考えの形成・共有」では，1学年では「自分の考えを確かなものにすること」，2学年では「理解したことや考えたことを知識や経験と結び付け，自分の考えを広げたり深めたりすること」を学んでいる。3学年では「考えを広げたり深めたりして，人間，社会，自然などについて，自分の意見をもつこと」とある。1・2学年で学んできたことから，より複雑な対象に対する考えを深めるため，調べ学習を生かす授業としたい。

3 評価

⑴ 評価規準

知識・技能	思考・判断・表現	主体的に学習に取り組む態度
①理解したり表現したりするために必要な語句の量を増し，話や文章の中で使うとともに，語感を磨き語彙を豊かにしている。	①「読むこと」において，文章の種類を踏まえて，物語の展開の仕方を捉えている。 ②「読むこと」において，文章を読んで考えを広げたり深めたりして，人間，社会などについて，自分の意見をもっている。	①粘り強く内容を検討し，今までの学習を生かして，意見を述べようとしている。

⑵ 評価方法のポイント

● 「知識・技能」は，学校図書館で調べた語句や歴史的事実が，奥付に書かれた書名，著者名，発行年，出版社等を基に示されていることが，作成した情報カードの作成で確認できたら，「おおむね満足できる」状況（B）と捉え，第2時に評価した。また，リライトの交流で他者の言葉の使い方に注目していることがワークシートで確認できたら，「おおむね満足できる」状況（B）と捉え第3時に評価した。

● 「思考・判断・表現」①は，物語の展開を登場人物の変化と合わせて捉えていることが，ワークシートなどから確認できたら，「おおむね満足できる」状況（B）と捉え，第4時に評価した。

● 「思考・判断・表現」②は，調べ学習で得た情報を基に，人間や社会などについて，自分の意見が述べられていたことが確認できたら「おおむね満足できる」状況（B）と捉え，第6時に評価した。

● 「主体的に学習に取り組む態度」は，調べ学習で得た情報を基に，作品の内容を踏まえリライトの構成をしたことがワークシートの記述で確認できたら，「おおむね満足できる」状況（B）と捉え，第4・5時に評価した。

4 単元の指導計画（全6時間）

時	学習内容	学習活動	評価規準
1	●文章を通読して学習の見通しをもつ。 ●自分の調べる語句を決める。	①初発の感想をまとめる。	★登場人物の心情や，場面の描写に留意しながら感想をまとめている。 **態**
2	●指定された語句や歴史的事実についての調べ学習を行う。	②学校図書館を利用し，様々な資料を基に調べ，情報カードを作成する（冊子にして全員に配付する）。	★理解したり表現したりするために必要な語句の量を増し，話や文章の中で使うとともに，語感を磨き語彙を豊かにしている。 **知**

3	●出来事を時系列で捉え，あらすじを確認する。 ●ヤンおばさんの変貌についてまとめる。	③調べ学習で得た情報を基に，作品への理解を深める。	★文章の種類を踏まえて，物語の展開の仕方などを捉えている。 思①
4	●ルントウの変貌，故郷を去る場面についてまとめる。	④調べ学習で得た知識を基に，作品への理解を深める。	★文章の種類を踏まえて，物語の展開の仕方などを捉えている。 思①
	●リライトする場面を決める。	⑤調べ学習で得た知識を生かしてリライトの構成メモを作成する。	★調べ学習で得た知識を生かして内容を構成しようとしている。 態
5	●構成メモをグループで交流する。 ●作品をリライトする。	⑥リライトの構成を交流し，自分の作品に生かす。 ⑦リライトを完成させる。	★交流した構成メモを基に自分のリライトをよりよいものとするよう試行錯誤している。 態
6	●完成させた作品を交流する。 ●自分の意見をもつ。	⑧リライトした作品を交流し，人間，社会などについて，自分の意見を書く。	★他者のリライトされた作品の内容を参考にしながら，作品の内容を踏まえ，自分の意見をまとめている。 思②

5 本時の展開①〔第4時〕

⑴ 本時の目標

●グループでルントウの変貌がどのような観点で描かれているのかを捉え，物語の展開の仕方を捉えることができる。

●作品全体を踏まえて最後の場面を読み取り，主人公が最終的な考えに至るまでの心の動きを捉えることができる。

●学校図書館を利用して調べた語句や歴史的事実を生かして，リライトする場面を決め，構成を考えることができる。

⑵ 本時の指導案

学習活動	指導上の留意点	評価（方法）
導入 （5分）前時の復習をし，本時の学習内容を確認する。		
①学習のねらいや進め方を理解する。	●前時にヤンおばさんについて読み取ったことと比較しながらルントウについて捉える。	★単元を通した学習計画に基づき，本時の学習活動を理解している。 態 （ワークシート）

（35分）ルントウの変貌，故郷を去る場面を捉え，リライトする場面を構想する。

②ルントウの変貌について捉える。	●観点を立てて，思い出のルントウと，再会したルントウの変化を捉える。 ●本文に線を引いてグループに示し，検討を行う。 ●適時全体交流を行い，新たな視点に目を向けるよう促す。 ●観点ごとに整理しまとめる。	★人物の変化について多様な観点から検討している。 思① （観察）
③故郷を離れる場面について心情の変化を捉える。	●「希望とは地上の道のようなものである」という考えに至るまでの心情の変化を追っていく。本文全体を考えて整理する。	★主人公の心情の変化を，思考や場面の展開を踏まえて整理している。 思① （ワークシート）
④リライトする人物と場面を決め，構想する。	●リライトする人物と場面を決定し，調べ学習で得た情報を背景に構想する。選んだ人物の視点を意識し，本文と同じ表現にならないように注意する。	

まとめ （10分）本時の振り返りをする。

⑤理解したことや身に付いたこと，今後の課題などについてワークシートに記入する。	●本時の学習を振り返り，人物の様子や心情について理解したことや，リライトする際に深めたいことをまとめる。	★今までの学びを踏まえ，見通しをもちリライトの構成をしている。 態 （ワークシート）

⑶　本時展開のポイント

①グループでルントウの変化の観点を検討する

　多くの実践では，初めから指導者が変化の観点を示して，思い出の中のルントウと再会したルントウの変化を捉えている。それに対し本時では，観点そのものをグループで探すことにより，本文をより深く検討したり読み込んだりする授業とした。具体的な観点は「身なり」「顔」「体つき」「主人公の呼び方」「態度」「話の内容」「生活ぶり」「印象」などが挙げられる。生徒は，設定されている観点の多さや，丁寧な描かれ方を自分たちの力で発見することとなり，文章の展開について深く考える。また，二つの場面を比較する活動を協働的に行うことで，生徒が競い合って変化を探す場面をつくり，より多くのことに気付く。追い詰められていたルントウが，あらゆる点において変わってしまったことについて深く考えさせる授業とする。

②主人公の最終的な考えに行き着くまでの道をたどる

　「希望」という言葉は作品の中に４回出てくる。ホンルとシュイションたちの若い世代に「希望をいえば，彼らは新しい生活をもたなくてはならない」という具体的な内容が示され，「希望という考えが浮かんだので，私はどきっとした」「今私のいう希望も，やはり手製の偶像にすぎぬのではないか」と自分の希望もルントウの偶像崇拝と変わらない，す

がっているだけのものであると気付く。そして最後に「思うに希望とは，もともとあるものともいえぬし，ないものともいえない。……歩く人が多くなれば，それが道になる」と結んでいる。自分が考える希望というものを多くの人々の行動により具現化させるという考えに至っている。「ルントウにとっての偶像＝自分にとっての希望」ということに思いが及び主人公が「どきっとした」様子や，「希望＝道」という考えに至る過程を，作品全体を踏まえながら丁寧に読み取らせる。

③リライトする人物と場面を決定する

　調べ学習や，ヤンおばさんとルントウの変化の読み取りを通してそろえた材料を基に作品をリライトする人物と場面を決定する。人物はルントウ，ヤンおばさん，母親，ホンル，シュイションから１人を選ぶ。人物を決めれば自ずと選ぶ場面は決まってくるが，基本は選んだ人物と他の人物との交流の場面で書かれることになるだろう。第２時で調べた風景や心情を描写した言葉を使ったり，参考にしたりして，この作品全体を貫く重苦しさを，主人公以外の言葉で表現することを促す。また，調べた歴史的な事実も踏まえて，人物たちの心の在り様をより豊かに描かせる。このことは，本単元の目標である文章に対する考えを広げたり深めたりして，人間，社会について自分の意見をもつことにつながる。

6 本時の展開②〔第6時〕

(1) 本時の目標

● 作品の結末，自分の感想，リライトの作成と交流を踏まえ，社会や人間について自分の意見を書き交流することができる。

● 単元全体の学習活動を振り返り，自らの変容や今後生かしたいことをまとめることができる。

(2) 本時の指導案

学習活動	指導上の留意点	評価（方法）
導入 （5分）前時の復習をし，本時の学習内容を確認する。		
①学習のねらいや進め方を理解する。	●完成させたリライト作品を交流し，表現の違いを捉え，作品への理解を深める。	★単元を通した学習計画に基づき，本時の学習活動を理解している。 態 （ワークシート）
展開 （35分）リライトを交流し自分の意見をもつ。		
②リライトした作品を読み合う。	●グループでリライトした作品を読み合い，他者のリライトのよいと思った視点，印象に残った表現などをメモし，発表する。	★社会や人間について自分の意見をもっている。 思② （ワークシート）
③交流を踏まえて社会や人間についての意見を書く。	●調べ学習，作品の理解，リライトの作成と交流といった単元全体を通した活動を生かし，自分の意見を書く	

	よう促す。	

まとめ（10分）単元全体の学習活動を振り返る。

④社会や人間についての意見を発表する。	●単元全体の学習活動を振り返り，社会や人間についての意見を確かなものにする。 ●単元全体の学習活動を振り返り，自らの変容や今後生かしたいことをまとめる。	★自分の変容を捉え，今後に生かしたいことをまとめている。 **態**（ワークシート）

⑶ 本時展開のポイント

①リライトした作品を他者と交流する

　互いのリライトを交流し，内容や表現について交流する時間である。二つのことを意識して交流させたい。一つめはどのような言葉を使って表現しているかである。交流により様々な言葉の使い方に触れ刺激を受けることで，言葉の使い方による表現の豊かさや深さを様々な視点から考えることにつなげる。生徒同士が多くの言葉の使い方に触れることは，作品を深く考えることにつながるだけでなく，語感を磨き今後の表現の幅を大きく広げることにつながる。二つめはどのように心情や情景を書いているかである。描く視点は個々の想像によって様々であるが，それぞれの生徒の多様な書かれ方に触れることにより，作品への理解をより深め，自分の意見を書く場面へとつながる。

②社会や人間について自分の意見を書き交流する

　リライトした作品を読み合い，感じたり考えたりしたことを生かすことにつなげる。厳しい状況に置かれた登場人物たちの心情に思いを巡らせ，社会や人間について深く考える。現在の社会状況と比べたり，将来の社会の担い手である自分たちの在り方について意見をもったりすることにつなげる。取り組む際は既習の教材における悲しみや，苦しみを描いたシーンを想起させたい。それらの心情と比べると，同じ悲しみや苦しみといった感情でも，本作品が社会の軋轢に苦しむ厳しい境遇の人間の描写であることに気付くであろう。それは，出口の見えない苦しみの中でもがく人物や，何とか希望を見いだそうとする主人公の心情である。既習の物語を振り返らせながら，自分たちが本作品に描かれた複雑な状況下に置かれた人々の心情を学ぶ年齢となり，社会に対しての考えや意見をもつまでに成長したことを感じさせ，しっかりとした意見を書かせたい。また，作品に描かれている差別や格差といった社会問題は，書かれて100年を経た現代においても我々に突き付けられている問題である。これらは中学生にとって答えを見いだすことが非常に難しい問題といえる。しかし，作品の中で主人公が一つの考えに至る姿を，自分の立場に置き換えながらこの問いについて考えさせたい。自分たちのあるべき姿や進むべき道を考えることは，未来を生きる生徒たちにとってかけがえのない活動になる。

③将来の読書生活に役立てる

　このような問いに正面から向き合うことは，今後様々な社会問題や複雑な人間模様を描

いた文学作品に親しむことにつながる。読書がストーリーを楽しむことや，知識や情報を得たりすることにとどまらず，自分の生き方や社会との関わり方を考えることにつながることを実感させ，生涯にわたる読書活動の充実につながる授業としたい。

7 生徒の学びの姿

(1) 調べ学習の効果

　生徒は，登場人物たちの置かれている時代背景などについて詳しくない。魯迅自身が医者を目指していた進路を変更して作家になったこと，実際に起こった中国内外での多くの紛争や政争が背景にあること，纏足という悪習があったことなどは，作品の理解に大いに役立つ。また，それらの事柄を各々が調べ学級で共有することにより，交流の場面などで生徒たちの心を大きく揺さぶり，リライトにおける心情の想像や，社会や人間に対する自分の考えの形成といった授業の流れに大きく役立った。

(2) ルントウの変貌を捉える場面

　本時の展開①ではルントウの変貌をグループで捉えた。観点を示さず探させるため，生徒たちは初め困難を感じていたようである。思い出のルントウを回想するシーンがかなり長い上，大人になったルントウのシーンの間に母との会話，ヤンおばさんとの再会のシーンが配置されていることも難しさの要因である。しかし，時間の経過とともに，徐々にグループでの学び合いが力を発揮した。役割分担が行われ，グループ内の数名が思い出の中のルントウ，他が再会したルントウの描写を探すようになる。初めは多くのグループで「顔色」「手」などといった見た目における観点を見付ける。適時全体交流を行い，まだ数多くあることを伝えると「もっと探そう」「ほかのグループが探していないことを探そう」といった気運が高まった。徐々に発見する観点が増え，見た目の様子だけでなく，「互いの呼び方」「態度」などのコミュニケーションの面での変化に気付く。全ての観点が出そろわなかった学級もあったが，気付きを促す発問をしながらまとめた。生徒は緻密な描かれ方に驚き，この描写が，「悲しむべき厚い壁」という主人公の言葉を強く裏付けるものであると理解したようである。評価は観察によって行ったが，グループ内での発言が苦手な生徒のために，該当部分に線を引いて示す活動を取り入れた。多くの生徒が協働に関わる姿勢を示せる場面を設けることにより，主体的に取り組む態度を見取った。

(3) リライトから自分の意見につなげる

　リライトは場面の展開が決まっているので，普段作文を書くことが苦手な生徒も，比較的すんなり筆が進んでいた。しかし，主人公の目線で書かれた本文の記述から脱することができず，人物を変えても主人公と同じような感情しか書けない生徒もいた。そのため，同じシーンではあるが，歩んできた道が全く違う人の感情をしっかりと考えるように促した。また，調べた語句の情景や歴史的事実を加味して書くよう声かけを行ったりして，場面を覆う空気や社会の状況を意識させた。リライトの交流では作品に表現された自分にはない言葉の使い方や，心情描写に触れることで，作品に描かれている社会をより生々しく

感じたようである。このことは，非常に難しい社会の問題に対して，自分の意見や考えを書く意欲につながった。完成した意見文には，これからの世の中を自分たちが担いつくっていくのだという自覚にあふれたものが多く書かれていた。

8 資料

(1) 生徒作品

①リライト（ヤンおばさんの視点から）

「まあまあ、こんなになって、ひげをこんなに生やして。久しぶりに会ったのでわからなかったが、これは向かいのシュンだな。
「忘れたかね。」よくだっこしてあげたものだが。」
全く覚えていないようだ。ますます腹が立つ。もずいぶん金回りがよいようだ。腹立たしい。どうして金持ちを見ると本当に腹が立つ。あたしなんか昨日も役人達に責められ散々な思いをしたんだ。金持ちを見ると本当に腹が立つ。
「こんながらくた道具、邪魔だから、あたしにくれてしまいなさいよ。あたしたち貧乏人には、けっこう役に立ちますから。」
本当だ。金目のものは何でもほしい。昨日も物騒な連中が町中を歩いていた。だって生きるのに必死なんだ。世の中は、どんどんおかしくなる。このままじゃうちの家族だってどうなるかわからる。空は相変わらず鉛色だ。貧乏人にとって、楽な暮らしなんて来やしないよ。

②社会や人間についての意見文

境遇の違いだけで、人との関係までも変わってしまう世の中を見た。でも、実際にはあることで、自分の目に映っていないだけだと思う。昔のことだから、外国の話だからといって目を背けるものではないし、自分には起こらないことでもない。人はそれぞれ違った環境で育ち異なる職業に就くのだから、貧富の差が生じるのは仕方がないことだと思う。しかし、せっかく培ってきた友情がそのせいで一瞬にしてなくなってしまうのは、とてももったいないものだと思う。友情はそう簡単に途切れてはいけないものだと思う。だから私は、もっと広い視野をもって、今の世の中の現状を知り、お互いの心が通じ合えるような人間関係を築いていきたい。

⑵ 調べ学習で調べた語句・参照書名一覧

調べる語句	書名	著者名	出版社
故郷 (言語として)	『広辞苑』	新村　出	岩波書店
語句 ・魯迅 (人物) ・寂寥の感 ・ひっそり閑 ・やるせない ・蔑む　・冷笑 ・ふくれっ面 ・行きがけの駄賃 ・黄ばむ ・節くれ立つ ・数珠つなぎ ・うやうやしい ・他人行儀 ・寄ってたかって ・でくのぼう ・偶像崇拝 ・鉛色の空 ・紺碧の空 ・金色 ・薄墨色	『総合百科事典　ポプラディア 11』		ポプラ社
	『ポプラディアプラス　人物事典』		ポプラ社
	『藤野先生と魯迅』	後藤ひろみ	ポプラ社
	『ちくま評伝シリーズ　魯迅』		筑摩書房
	『色の名前事典 507』	福田邦夫	主婦の友社
	『色の名前』	近江源太郎	角川書店
	『広辞苑』	新村　出	岩波書店
	『総合百科事典　ポプラディア』		ポプラ社
時代背景 ・アヘン戦争 ・日清戦争 ・義和団の乱 ・辛亥革命 ・五・四運動	『学習漫画　世界の歴史 12』		集英社
	『学習漫画　世界の歴史 17』		集英社
	『エリア別だから流れがつながる　世界史』		朝日新聞出版
	『学習漫画　世界の歴史　できごと事典』	祝田秀全	集英社
	『ポプラディアプラス　世界の国々　アジア州』		ポプラ社
	『ポプラディアプラス　世界の国々』		ポプラ社
	『取材体験！世界の国々 11 中国』		ポプラ社
	『中国のいまがわかる本』	上村孝治	岩波書店
	『総合百科事典　ポプラディア』		ポプラ社
中国の習俗 ・纏足	『広辞苑』	新村　出	岩波書店
	『世界のふくそうの歴史　3』	高橋靖子	リブリオ出版
	『日本大百科全書』		小学館
	『総合百科事典　ポプラディア 7』		ポプラ社
	『写真でたどる中国の文化と歴史』		あすなろ書房
その他	『阿Q正伝・故郷』	魯迅	偕成社

〈杉田　勝〉

初読の感想からのアップデート

～文章を読んで考えを広げたり深めたりして，今，「故郷」を通して学ぶ意義を見いだそう～

1 単元の目標

● 情報の信頼性の確かめ方を理解し使うことができる。　　　　〔知識及び技能〕(2)イ

● 自分の生き方や社会との関わり方を支える読書の意義と効用について理解することができる。　　　　〔知識及び技能〕(3)オ

● 文章を読んで考えを広げたり深めたりして，人間，社会，自然などについて，自分の意見をもつことができる。　　　　〔思考力，判断力，表現力等〕C (1)エ

● 言葉がもつ価値を認識するとともに，読書を通して自己を向上させ，我が国の言語文化に関わり，思いや考えを伝え合おうとする。　　　　〔学びに向かう力，人間性等〕

2 単元の設定

(1) 単元設定の理由

　「故郷」という作品は，いわば名作として知られ，多くの教科書に長年掲載され続けている。国語教師も，この作品の魅力を生徒に説き，時代背景に触れながら作品について語る。「故郷」の授業はなんて楽しいのだろうか，と感じている国語教師も少なくないはずだ。全国的にも，この「故郷」を扱った授業では「教師による語り」が多くなっていることが推測される。初めに断っておくと「教師による語り」を批判しているのではない。この「語り」をなくして，生徒が自力で「故郷」という作品を読み味わうことはできないのか，これが本実践の出発点である。

　また，全国的にICT環境が整備されようとしている中，国語の授業においての資料の活用と言えば資料集や学校図書館にある書籍が多いのではないかと思う。信頼できる情報を集めるために書籍等に当たることも大切であるが，ますます加速する情報化社会で生徒たちが生き抜いていくためには，メディアリテラシーも大切である。

　そこで本単元では，教師の語りの少ない中で「故郷」を読み深めるために，ICT機器（タブレット端末）などを活用しながら学習を進めていく授業を構想した。単元名は，「初読の感想からのアップデート～文章を読んで考えを広げたり深めたりして，今，『故郷』を通して学ぶ意義を見いだそう～」とし，「故郷」を読むことを通して，読む力を育成することを目指した。

⑵ 単元展開の特色

　本単元では，「読むこと」の学習の流れに沿って授業を構想した。育成したい資質・能力は，「文章を読んで考えを広げたり深めたりして，人間，社会，自然などについて，自分の意見をもつこと。（Ｃ⑴エ）」とし，学習課題を示し，生徒自身が読みを深めて作品の感想や解釈をアップデートすることをねらいとした。

　最初に抱いた感想や解釈をアップデートすることは容易ではない。特に「故郷」という作品においては解釈が難しい上に，時代背景も大きく関わってくる。本単元では，ICT機器を活用し，互いの解釈を交流してから，もう一度自分の考えをもたせたい。ICT機器の交流は，Microsoft のアプリである

図1　Teams での情報の共有

Teams を用いて行った（ここではクラスのチャネルを用意し，調べたことを投稿し合い情報の共有を行った）。その Teams では，インターネット上の情報だけでなく，学校図書館にある資料や国語便覧など，様々な情報源について共有できるように適宜コメントをさせた。生徒は互いのコメントや投稿を見合うが，それが信頼できるかどうかを確かめながら作品に対する解釈を深めるための資料や情報の収集・活用に当たらせた（図1では，「NHK for School」を紹介し，なぜ参考になるかを共有していたり，作品について書かれた一般のサイトの情報について，複数のサイトや便覧と共通の内容があることを確認し，情報の確かさを確認したりしている）。本単元では，生徒自身が作品に対する様々な情報を収集し，解釈の変容について，自覚的に捉えることを単元のゴールとして設定し，授業を行った。

③ 評価

⑴ 評価規準

知識・技能	思考・判断・表現	主体的に学習に取り組む態度
①情報の信頼性の確かめ方を理解し使っている。 ②自分の生き方や社会との関わり方を支える読書の意義と効用について理解している。	①「読むこと」において，文章を読んで考えを広げたり深めたりして，人間，社会，自然などについて，自分の意見をもっている。	①考えを広げたり深めたりするために粘り強く文章を読み，学習課題に沿って交流しようとしている。

⑵ 評価方法のポイント

●情報の信頼性の確かめ方を理解し使っている（「知識・技能」，Teams の記述の確認）。

● 自分の生き方や社会との関わり方を支える読書の意義と効用について理解している（「知識・技能」，振り返りの記述の分析）。

● 「読むこと」において，文章を読んで考えを広げたり深めたりして，人間，社会，自然などについて，自分の意見をもっている（「思考・判断・表現」，ワープロソフトの記述の分析）。

● 考えを広げたり深めたりするために粘り強く文章を読み，学習課題に沿って交流しようとしている。（「主体的に学習に取り組む態度」，Teams への記述の分析）。

4 単元の指導計画（全6時間）

時	学習内容	学習活動	評価規準
1	● 「故郷」を通読する。 ● 初読の感想を書く。 ● 疑問や分からないことを記録する。	① 3～4人組で音読する。 ② 個人でもう一度読み返しながら，初読の感想を書く。	
2	● 学習に見通しをもつ。 ● 前時の疑問などについて解決し，ワークシートに整理する。 ● 調べたことなど共有する。	③ 本単元の目標と学習課題を確認する。 ④ 便覧やPCを用いて調べたり，調べたことを共有したりする。	 ★ 情報の信頼性の確かめ方を理解し使っている。 知①
3	● 調べたことなどを参考にしながら，学習課題に取り組む。	⑤ ワープロソフトを用いて，自分の考えをまとめる。	
4	● Teams で互いの考えを共有する。 ● 読んだ感想や気付き等をコメントする。 ● コメントに返信をする。	⑥ 前時に書いた文章をTeams に投稿し，互いの文章を読み合う。 ⑦ コメント機能を用いて，互いの考えや感想などを伝え合う。	★ 考えを広げたり深めたりするために粘り強く文章を読み，学習課題に沿って交流しようとしている。 態
5	● 交流後，自分の考えをまとめる。	⑧ コメントを参考にしながら自分の考えをまとめる。	★ 「読むこと」において，文章を読んで考えを広げたり深めたりして，人間，社会，自然などについて，自分の意見をもっている。 思
6	● 本単元の振り返りをする。	⑨ 「これまで・これから」の読書経験などについて，本	★ 自分の生き方や社会との関わり方を支える読書の

| | 単元の学習と関連付けな
がら振り返りをする。 | 意義と効用について理解
している。知② |

5 本時の展開① 〔第1時〕

(1) 本時の目標

●これまでの「読むこと」の経験を生かして，初読の感想をもつことができる。

●作品の解釈に関わりそうな疑問などを見付けることができる。

(2) 本時の指導案

学習活動	指導上の留意点	評価（方法）
導入 （5分）本時の学習の見通しをもつ。		
①本時の学習の進め方に ついて確認する。	●本時の取組が，学習のゴールに関わ ってくると意識付けをさせる。	
展開 （40分）3～4人グループで本文を音読する。		
②漢字の読み方などに気 を付けながら，グルー プで音読する。 ③本文を個人で読み返し ながら，初読の感想を 書く。 ④分からないことや疑問 などについて，ワーク シートにまとめる。	●読めない漢字や意味の分からない語 句，確認したいこと等に線を引きな がら読むように促す。 ●文章の体裁等にこだわらず，素直な 感想を書くように促す。 ●解釈に関連しそうな言葉，疑問に思 ったこと等について記録するように 促す。	
まとめ （5分）本時の振り返りと次時の見通しを確認する。		
⑤初読の感想を近くの人 と読み合い，感想を伝 え合う。	●文章の初読の感想の違いや，疑問点 などについて見合うように促す。	

(3) 本時展開のポイント

①テキストとの出会い

　本単元の学習課題は「初読の感想からのアップデート～文章を読んで考えを広げたり深めたりして，今，『故郷』を通して学ぶ意義を見いだそう～」なので，アップデートをする前の初読の感想が重要になる。そのため，初読の感想を書く時間を十分に確保したい。読む時間や書く時間は特に個人差が生まれやすいので，本時の展開の時間配分にこだわらずに授業を展開していきたい。

　また，3年生になるとこれまでの「読むこと」の経験を生かすことができる。そういった経験を生かして初読の感想を書いたり，疑問や分からないところを記録させたりすることによって，本単元の学習の前後で作品の見え方や解釈がどのように変わったのか比較することができる。更に，文章を読んで解釈した上で，自分にとってこの作品との出会いは

どのような意義があったのかなど，考えをもつことにつなげていくための導入の１時間にしていきたい。

②分かったふりをしない

　本単元の「文章を読んで考えを広げたり深めたりして，人間，社会，自然などについて，自分の意見をもつ」という目標の「考えを広げたり深めたり」するためには，文章を読んで出てきた疑問を解決したり，考えを他者と交流して比較したりすることが大切である。初読の感想とともに疑問や調べたいことを整理させる際には，どんなに些細なことでもかまわないので，とにかく「分かったふり」はしないように声をかけていきたい。生徒が抱いた疑問の中で，どんな疑問の解決が考えを広げたり深めたりしていくことにつながるか分からないことを生徒と共有しながら学習を進めていきたい。第１時では，おおよそ以下のような疑問などが挙がった。

（例）

- なぜここまで貧富の差が激しいのか。
- 当時の中国の時代背景について。
- 作者である魯迅について。
- 魯迅は他にどのような作品を書いているのか。
- 「道」と「希望」が表すもの。
- 作品におけるヤンおばさんの存在意義とは。
- 当時はどのような社会情勢だったのか。
- 最後の場面が象徴しているものは？
- この作品における山場はどこか。
- 場面ごとに登場人物の関係性を整理したい。
- 時間が経過し，登場人物にどのような変化があったのか（なぜ変化してしまったのか）。
- この話は何を伝えたいのか。
- ルントウはどのくらい過酷な生活を送ってきたのか。
- 当時の人々はどのような考え方をしているのか。
- 辛亥革命と作品の関係について。
- 難しい語句が多い（偶像崇拝，紺碧，野放図，薄墨色，纏足，蔑む，チャーなど）。

　これらの疑問を生徒同士に共有させ，疑問を解決しながら作品の読みを深めていくように，次時へ見通しをもたせる。

6 本時の展開②〔第4時〕

(1) 本時の目標

●自分の考えを広げたり深めたりするために，他者と交流することができる。

(2) 本時の指導案

学習活動	指導上の留意点	評価（方法）
導入 （3分）本時の学習のポイントを確認する。		
①本時の学習の流れを確認し，Teams に自分の考えを投稿する。	●互いの読みが深まるようなコメントを意識させる。 ●本時のコメントが「主体的に学習に取り組む態度」の評価対象であることを伝える。	
展開 （44分）互いの考えを読み合い，気付きなどをコメントする。		
②投稿された他者の考えを読む。 ③他者の考えについて，気付き等をコメントする。 ④気になったコメント等に対して口頭で交流する。	●自分の考えと比較しながら読むように促す。 ●具体的な記述等に触れながらコメントをするように促す。 ●教科書の記述や便覧などの資料を活用しながらコメントをするように意識させる。 ●相手とやり取りができるように，コメントする際はメンションさせる。 ●「○」「△」「？」等の記号を用いてコメントをさせる。 ●読んで分からないコメントや，解決できない疑問等について，確認し合う時間を確保する。	★考えを広げたり深めたりするために粘り強く文章を読み，学習課題に沿って交流しようとしている。 **態** （Teams へのコメントの分析）
まとめ （3分）本時の振り返りと次時の見通しを確認する。		
⑤もらったコメントを読んだり，他者に対するコメントを読んだりして本時の振り返りをする。	●自分にとって考えが広がったり深まったりしたコメントはどのようなものか確認させる。 ●本時の交流を参考に，再度自分の考えをまとめるように伝える。その際，本時の交流の中で，誰との，どのような交流が参考になったか意識するように促す。	

(3) 本時展開のポイント

①コロナ渦における交流～デジタルとアナログの融合～

　本単元の実践は新しい生活様式が話題に挙がったコロナ禍における実践である。そのため，Teams を活用しての「デジタルでの交流」と，他者と対面しての「アナログの交流」

を必要に応じて選択しながら授業を進めた。

　Teams での交流は，投稿された他者の考えを読み，コメント機能を用いて行った（図2）。どのような内容のコメントか，一目見て分かるように，これまでの学習で考えを整理する際に用いた「○」「△」「？」等の記号を使いコメントをさせた。

図2　Teams でのコメントの具体

　対面での交流は，Teams に投稿されたコメントを参考に行った。交流時間を短縮するために，コメントを通して分からないところや，もっと知りたい・伝えたい等に内容を絞って実施した。生徒は時間の制約がある中で，Teams のコメントを参考にしながら，自分の考えを広げたり深めたりするために交流しようとしている姿が見られた。

②考えの形成や交流を活性化させる視点

　本単元では，「故郷」という作品を読み，学習課題に沿って自分の考えをもつ際に，生徒の記述から様々な表れが見られた。生徒は3年生になると，これまでの読むことの学習の経験（描写に注目して読んだり，人物の設定に着目して読んだり等）を生かして解釈しようとしたり，また，その他の学習の経験（生活体験や読書体験，他の単元や他教科を含めた学習との関連等）

図3　交流を活性化させる視点

を踏まえて自分の考えをもとうとしたりしている様子が見受けられた。そのため，交流がより活発になるように，どのような思考の過程を経て考えの形成に至ったのかのイメージを共有し，交流の際に参考にさせた（図3）。そうすることによって，コメントが具体的になり，根拠が適切でない記述に対する的確な指摘が増えていったように感じる。

7 生徒の学びの姿

⑴「知識・技能」の指導と評価

　「知識・技能」②の「自分の生き方や社会との関わり方を支える読書の意義と効用について理解している」状況を「本単元の学習と，これまでの読書経験を関連付けながら振り返りを記述している」姿（「おおむね満足できる」状況（B））と捉え，第6時に評価した。例えば，生徒Dは本単元の学習課題について考えをもつ際に，これまでの読書経験がどのように生きたか，そして，本単元の学習がこれからの読書生活にどのように生きるか考えている。これらのことを振り返りで記述していることから「おおむね満足できる」状況（B）と判断した。

⑵「思考・判断・表現」の指導と評価

　「思考・判断・表現」の「『読むこと』において，文章を読んで考えを広げたり深めたりして，人間，社会，自然などについて，自分の意見をもっている」状況を，「疑問などを解決したり，交流を通して解釈をアップデートしたりしている」姿（「おおむね満足できる」状況（B））と捉え，第5～6時に評価した。

　例えば生徒Eは，初読の感想では，「ルントウと私との身分の差が露呈した悲しみ，時間の経過によって変貌してしまったルントウを見たときの辛さ」などを中心に記述していた。学習を進める中で，疑問を解決したり，交流を通して考えを広げたり深めたりしていき，「時代背景を踏まえながら，登場人物の設定理由について考え，自分なりに『故郷』という作品を通して学習する意義を見いだしている」姿から「おおむね満足できる」状況（B）と判断した。

⑶「主体的に学習に取り組む態度」の指導と評価

　「主体的に学習に取り組む態度」の「考えを広げたり深めたりするために粘り強く文章を読み，学習課題に沿って交流しようとしている」状況を，第4時のTeamsの投稿に対して互いにコメントしている記述から「学習課題を解決するために交流しようとしている」姿（「おおむね満足できる」状況（B））と捉え評価した。

　例えば生徒Fは，他者の考えを読んで，気付いたことや疑問に思ったこと，参考になった点等をコメントで記述し，伝えようとしている姿から「おおむね満足できる」状況（B）と判断した。更に生徒Fは，自分の考えに対してコメントをした生徒Gと，文章における解釈や情報の確かさなどについて交流し，自分の考えを広げたり深めたりしようとしている姿が見られたため，「十分満足できる」状況（A）と判断した。

8 資料

(1) 生徒Hの初読の感想のワークシート

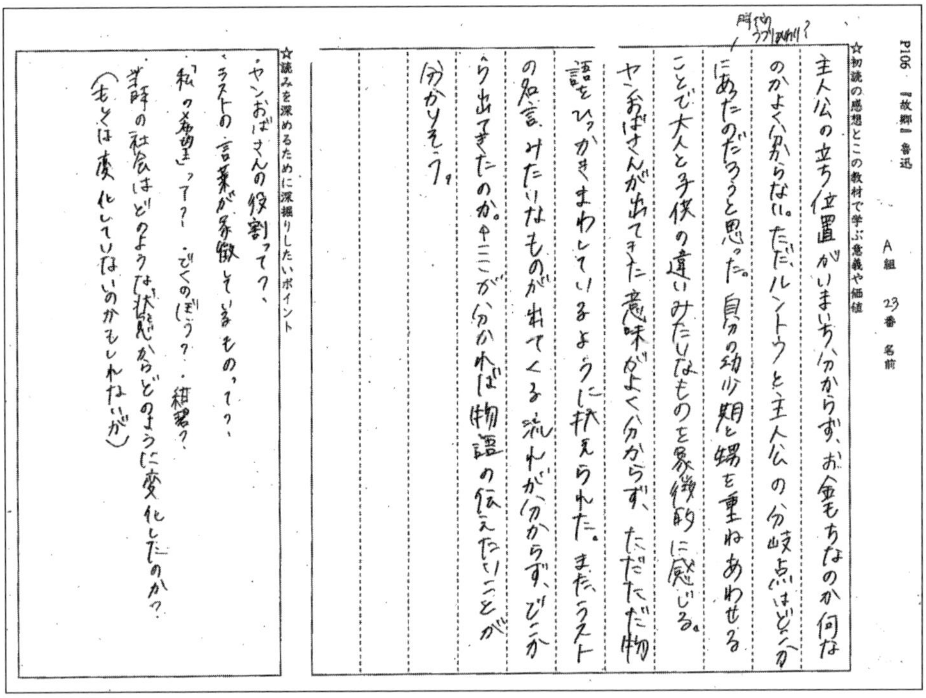

（手書き・縦書きのワークシート）

P106 『故郷』魯迅　　A組　23番　名前

☆初読の感想とこの教材で学ぶ意義や価値

主人公の立ち位置がいまいち分かりず、お金もちなのか何なのかよく分からない。ただ、ルントウと主人公の分岐点はどこかにあったのだろうと思った。自分の幼少期と蝦を重ねあわせることで大人と子供の違いみたいなものを象徴的に感じる。

ヤンおばさんが出てきた意味がよく分からず、ただただ物語をひっかきまわしているように捉えられた。また、ラストの名言。みたいなものが出てくる流れが分からず、どこから出てきたのか？　ここが分かれば物語の伝えたいことが分かりそう。

☆読みを深めるために深掘りしたいポイント
・ヤンおばさんの役割って？？
・ラストの言葉の意義が象徴するもの。って？
「私の希望」って？　…でくのぼう？？　紺碧？
（もとは変化していないのかもしれないが）

学時の社会はどのように、状況からどのように変化したのか？

第1時で書いた生徒Hによる初読の感想

(2) 生徒Hの読みを深めるためのワークシート

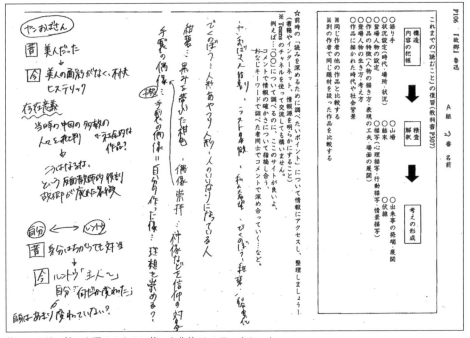

第2〜3時で読みを深めるために使った生徒Hのワークシート

⑶ 生徒 H の Teams 上での交流の様子

第４〜５時　Teams のコメントをきっかけに生徒 H は口頭で交流につなげていく

⑷ 生徒 H の考えの記述

これからを創る十五歳へのメッセージ

　十五歳が「故郷」という文章で学ぶ意義は主に三つあると思う。

　一つ目にこの文章が含蓄に富んだものであるということだ。初読の感想としては難しい言葉はないのになぜか意味が分からない、であったが、社会的背景にまで目を向けるとすると解けていく。この文章が象徴しているのは魯迅の生きた中国の身分社会であると思う。昔は美しかった故郷が今は廃れていて、この廃れ具合をわかりやすく印象づける存在としたのがヤンおばさんである。昔は美人だったのに今はなんだかヒステリックで不快な女になってしまっている。ヤンおばさんがいることで故郷には悪い意味での変化があったと読み取れる。また、幼少期には対等であったルントウと主人公の関係を象徴している主人公に対するルントウの呼びかけが「おまえ」から「旦那さま」とになってしまっている。これも喜ばしい変化とは言えない。このように故郷の変化を読者にわかりやすく示している人物がホンルである。最後のシーンで「シュイションが遊びに来い」と言っていることから伝わるように子供にまだ身分の壁はない、幼少期の主人公とルントウのように。彼らには自分と同じ道を辿ってほしくない、という思いがより強く印象づけられるシーンである。十五歳というこれからの人格を形成する大切な時期にこのような文章を読むことで差別意識を取り除いたり、社会に目を向ける力をつけたりする役割があるのではないか。

　二つ目に決してバッドエンドではないということである。主人公は自らの希望を手製の偶像と揶揄している。しかし、道についてのくだり「もともと地上に道はない。歩く人が多くなれば、それが道になるのだ」では自らの希望を道にたとえ、希望を現実にするためには多くの人が必要であると考えている。そこから、今持っている叶いっこない希望も多くの人が集まれば叶うかもしれないという勇気を読者に与える文章だといえる。将来への不安や希望を多く抱える十五歳を応援するのに適している文章なのだ。また、今まで読んできた文章を何か読者を勇気づけたり、読者にメッセージを送ったりするものが多く、故郷ではそれらを読み解く力が強固たるものになるのではないか。

　最後に今までの読書経験と結びつけて考えてみると、場面の移り変わりが大きいということが特徴として挙げられる。最初に主人公が故郷についてから幼少期の回想、ヤンおばさんの登場、ルントウに会う等々、とにかく意味がわからない。時系列的に整理してから書いてくれよ、とも思うが複雑にしてあることで今までの読書経験を活かせるのである。「花曇りの向こう」「アイスプラネット」「握手」は場所の移り変わりや少しの回想シーンによって、一二年生の学習からの進歩を促してくれているのだと考えられる。また場面の役割を捉える、という学習を数回やったことがあるが、今回もなぜこの場面がここに入るのか、それにより強調される主張は何か、などを考えると至って苦ではなくなるのだ。このように今までの学びの集大成として十分な作品であり、学ぶ意義だと思う。

　以上の点が「故郷」という作品で、学ぶ意義だと思う。

第５〜６時　単元の終末における考えの記述

〈土持　知也〉

文末表現から読み解く「故郷」の世界

～現在と過去のはざまでゆれる心～

1 単元の目標

● 文章の種類とその特徴について理解を深めることができる。　　　　〔知識及び技能〕(1)ウ

● 文章の種類を踏まえて，論理や物語の展開の仕方などを捉えることができる。

〔思考力・判断力・表現力等〕C (1)ア

● 文章の構成や論理の展開，表現の仕方について評価することができる。

〔思考力・判断力・表現力等〕C (1)ウ

● 言葉がもつ価値を認識するとともに，読書を通して自己を向上させ，我が国の言語文化に関わり，思いや考えを伝え合おうとする。　　　　〔学びに向かう力，人間性等〕

2 単元の設定

(1) 単元設定の理由

　「故郷」は，20年ぶりに帰郷した「私」が，昔日のイメージとあまりに変わってしまった風景や人物に愕然とし，次の世代に未来への希望を託しながら故郷に別れを告げるストーリーだとされる。作品を理解するには，登場人物の相関を把握するとともに，作品の構造にも注目しなければならない。物語は，視点人物「私」の独白によって，帰郷してから旅立ちまでの様子が語られていく。時間の経過に沿って展開するストーリーの中に，「過去の美しい故郷のイメージ」が，回想によって挿入されたり，登場人物の言葉によって吐露されたりするのも，「故郷」の特徴の一つである。読者は，過去の美しさと現在の陰鬱さとを重ね，時代の落とす影を捉えることになる。二つの時間軸の対比は，過去の「私」と「ルントウ」との関係を，現在の「ホンル」と「シュイション」と重ね合わせることを可能にするなど，登場人物の設定にも反映されている。

　本単元は，過去と現在とを重ねて読むことに，文末表現の異なりからアプローチした試みである。「故郷」の文末表現には，意図的に現在形と過去形を使い分けたり，片方の表現を連続して用いたりしている部分が数か所見られる。それぞれの文末表現が与える印象をスタートにして，書き手（「故郷」では訳者）がどのようなことを意図して使い分けたのかを考え，表現の仕方を評価する学習である。また，義務教育最後の文学的な文章の学習を通して，小説や物語の表現の特徴について理解を深めていくことも目指している。

⑵ 単元展開の特色

　本単元は，「故郷」の文末表現を丁寧に分析することをスタートに，登場人物の思いや考えを読み解こうとする試みである。

　物語の冒頭では，昔日のイメージとあまりに変わってしまった故郷が，視点人物である「私」の目から描かれる。現在の故郷の姿を目の当たりにして，「私」には，覚えず寂寥の感が胸にこみ上げる。ゆっくりとした筆致で語られ始めた物語であるが，少年時代のルントウを回想するシーンになると，突然，物語が躍動感をもって動き出す。時間は過去へ遡行するのに反して，文末表現は現在形を連続して使用するものへと移行する。

　本単元では，この文末表現の異なりを切り口として，「故郷」における表現の意図を考える学習を展開する。

　指導においては，まず，クラス全員で「少年時代のルントウを回想するシーン」を分析し，単元の学習における読みの着眼点を明確にする。これを受けて，文末表現に着目しながら「故郷」を再読し，文末に現在形が使用されている箇所を特定する（2色の蛍光ペンを用いて，現在形と過去形に印を付けていく）。

　次に，分析を行う場面を右の五つに整理し，グループごとに担当する場面を決定する。

　単元の後半では，それぞれのグループで協議する中で見いだした表現の効果や考えたことを発表し

【文末表現に現在形が用いられた意図を分析する場面】
①冒頭で帰郷の目的を独白する場面。
②少年時代のルントウを回想する場面。
③ヤンおばさんの変化について語られる場面
④再開したルントウの風体が描写される場面。
⑤故郷を後にする際に，心境が吐露される場面。

合い，登場人物の思いや考えが文末表現に影響を与えていることをクラス内で共有する。これらのことを通して，物語における表現の特徴についても理解を深めていく。

3 評価

⑴ 評価規準

知識・技能	思考・判断・表現	主体的に学習に取り組む態度
①文章の種類とその特徴について理解を深めている。	①「読むこと」において，文章の種類を踏まえて，物語の展開の仕方を捉えている。 ②「読むこと」において，文章の表現の仕方について評価している。	①粘り強く文章の表現の仕方について評価し，学習課題に沿って考えたことを伝え合おうとしている。

⑵ 評価方法のポイント

●第1・2時では，「思考・判断・表現」①の評価規準が実現した状況を，「『故郷』の展開の仕方を捉えている」姿（「おおむね満足できる」状況（B））と捉え，作成した人物相関図を確認することによって評価した。「過去と現在の時間軸を踏まえて人物相関図

が作成されているか」「登場人物の相関が適切に記入されているか」を確認した。

● 第3時では，「知識・技能」の評価規準が実現した状況を，「少年時代のルントウの回想シーンが与える印象から，物語の表現の特徴について理解を深めている」姿（「おおむね満足できる」状況（B））として捉え，ノートの記述を確認することで評価した。

● 第4時では，「主体的に学習に取り組む態度」の評価規準が実現した状況を，「文末表現に注意して『故郷』を再読し，考えたことを伝え合おうとしている」姿（「おおむね満足できる」状況（B））として捉え，活動を観察することによって評価した。2色の蛍光ペンを用いて文末表現を分析し，考えたことを教科書やノートに書き込む姿から「粘り強さ」を評価した。また，気付いたことや考えたことをクラスメイトと伝え合う中で，自らの学習の仕方を見直そうとしている姿から「自らの学習の調整」を見取った。なお，第4時は，本単元で重点とする資質・能力（「思考力，判断力，表現力等」Cウ）が，第5・6時でよりよく発揮されることに向けた活動である。

● 第5・6時は，「思考・判断・表現」②の評価規準が実現した状況を，「登場人物の思いと文末表現の仕方や効果について，自分の考えを明確にしている」姿（「おおむね満足できる」状況（B））として捉え，ノートの記述を確認することによって評価した。担当する場面の分析や，クラスメイトとの交流を通して考えたことを単元末にノートに記入させたものを中心に評価した。

4 単元の指導計画（全6時間）

時	学習内容	学習活動	評価規準
1 2	●「故郷」の物語の展開の仕方を捉える。 ●物語の設定や人物の相関などを把握する。	①全文を通読し，内容の大体をつかむ。 ②現在と過去の二つの時間軸を意識して，人物相関図をつくる。	★「故郷」の展開の仕方を捉えている。 思①
3	●少年時代のルントウを回想するシーンでは，文末表現に特徴があることを捉える。 ●物語では，文末表現の違いによって，読者に与える印象が異なることを理解する。	③帰郷時の母親との会話からルントウの少年時代を回想する場面を何度も音読する。 ④文末を過去形に変えた回想シーンと比較し，文末表現の違いがどのような印象を与えるのかを考える。	★物語の表現の特徴について理解を深めている。 知
4	●文末表現を切り口に「故郷」を読み直し，変化が見られる箇所を把握する。 ●物語全体の中で，文末表現	⑤数色の蛍光ペンで文末表現の違いを色分けしながら再読する（気付きや考えたことは教科書に書き込む）。 ⑥グループごとに，どの場面	★文末表現に注意して「故郷」を再読し，考えたことを伝え合おうとしている。 態

	に変化が見られる場面を整理する。	の分析を担当するのかを決める。	

| 5 | ●文末表現に特徴のある場面の，表現の効果を捉えて評価する。 | ⑦担当する場面を分析し，登場人物の思いが文末表現に与える影響を考える。 | ★現在形による文末表現の効果を，登場人物の思いと関連付けて評価している。思② |
| 6 | ●グループごとに見いだした表現の効果を共有する。 | ⑧グループごとに考えたことを発表する。 | |

5 本時の展開①〔第3時〕

(1) 本時の目標

●少年時代のルントウを回想するシーンの文末表現の変化を捉えることを通して，物語の表現の特徴について理解を深めることができる。

(2) 本時の指導案

学習活動	指導上の留意点	評価（方法）
導入（5分）どのような視点で「故郷」を読むのかを明確にする。		
①本時のねらいについて知る。	●「文末表現の特徴」に着目して，「故郷」を読む学習であることを伝える。	
展開（35分）少年時代のルントウを回想するシーンの表現の特徴を捉える。		
②現在から過去へと場面が移り変わるシーンを音読する。 ③文末表現が読者に与える印象の違いについて捉える。 ④現在形の文末がどのような効果を生んでいるのかを全体で共有し，物語の表現の特徴について理解を深める。	●音読をする中で，印象の違いがどこからもたらされているのかを体感できるようにする。 ●教師が作成した文末表現を過去形にした「少年時代のルントウを回想するシーン」と読み比べる（詳細は「8 資料」のワークシート参照）。 ●これまでの「物語」の学習で，学んだ表現の特徴にも適宜触れる（例：太宰治「走れメロス」での一文の長短による効果など）。	★現在形の文末表現が生む効果について捉えている。知（ノート）
まとめ（10分）本時の学びを次時につなげる。		
⑤本時の学習をまとめる。	●本時の学習で獲得した視点を切り口に，次時以降「故郷」を読み解いていくことを確認する。	

⑶ 本時展開のポイント

①ペアやグループで音読を聞き合い，表現の特徴を発見する

本単元では，表現の特徴や効果を発見させる活動において，でき得る限り音読を取り入れた。ペアやグループで音読を聞き合う中で，「『私』と母との引っ越しの話（文末が過去形）」と「少年時代のルントウを回想するシーン（文末が現在形）」の文末表現が異なっていることを発見させた。そして，「物語の中の時間は，過去に遡っているのに，文末表現は，過去形から現在形になっています。それはどうしてでしょうか」と問いかけた。再び教科書を読み直し，印象の違いを教科書に書き込ませたり，ノートに書き出させたりする中で，本単元における分析の切り口である「文末表現の異なり」に目が向くように学習を組織した。

②過去形と現在形の文末表現を比較する

少年時代のルントウを回想するシーンの文末表現が，現在形へ変化していることを理解した後は，この場面での表現の効果を考えさせることになる。本単元では，教師が作成した「少年時代のルントウを回想するシーンの文末表現を過去形にしたもの」を配付し，文末表現が異なる二つの文章を音読することで，印象の違いを体感できるように工夫した。「現在形のほうが，実際にルントウが動いているように感じる」と躍動感が生まれる効果を指摘したり，「頭の中ではなく，目の前にルントウがいるような感じがする」とリアリティを指摘したりするなどの意見が出された。「『私』の頭の中では，過去の出来事であるルントウとの思い出が，色あせることなく残っている」という生徒の発言をきっかけに，「紺碧の空に金色の丸い月」「見渡す限り緑のすいかが植わっている」などの色彩表現が多いことに気付いた生徒もいた。「では，過去形の場面では色彩表現がどうなっているのかを，次の時間から考えられたらよいですね」と次時へとつなげた。

③話や文章の特徴を概念的にまとめる

本時の最後には，身に付けた資質・能力を概念的に整理する時間を設けた。本単元においては，第3時において見いだした切り口が単元全体の学びを貫くため，汎用的な知識となるように板書をして確認した。黒板にまとめる際には，これまでの中学校の国語の授業の中で学習してきた表現の特徴についても生徒の発言を促し，「物語」のもつ表現の特徴について理解を深められるように配慮した。

6 本時の展開②〔第5時〕

⑴ 本時の目標

●現在形による文末表現の効果を，登場人物の思いと関連付けて評価することができる。

(2) 本時の指導案

学習活動	指導上の留意点	評価（方法）
導入 （5分）どのような視点で分析するのか再確認する。		
①本時のねらいについて知る。	●文末表現の変化が，登場人物のどのような思いを反映しているかについて考える学習であることを伝える。	
展開 （35分）担当する場面を「文末表現」に注目して分析する。		
②グループごとに，担当する場面を分析する。	●第3時の学習（「少年時代のルントウを回想するシーン」での効果）を再確認する。	
	●担当する場面における登場人物の思いが，文末表現にどのように表れているのかを考える。	
	●分析を行う際には，第3時の学習を生かし，音読したり文末表現を変えて比較したりする。	
	●グループで協議をする際には，根拠を文章に求めるようにする。	
③見いだした考えが，「故郷」の他の場面でも機能するかを検討させる。	●グループで考えた「現在形の文末による表現の効果」が，担当する場面以外で成立する箇所を探すようにさせる。	
④見いだした「現在形の文末表現の効果」を，「登場人物の思い」と関連させてノートにまとめる。	●具体的な表現を引用しながらまとめるようにする。	★登場人物の思いと関連付けて，表現の効果を捉えている。 思② （ノート）
まとめ （10分）本時の学びを次時につなげる。		
⑤本時の学習をまとめる。	●次時は，本時の学習で見いだしたことを，グループごとに発表することを確認する。	

(3) 本時展開のポイント

①学習の全体像を把握させる

　本時のように，一つの学習課題の下で，それぞれのグループが別々の場所を分析するような学習の場合，本時の学びの全体像を示しておく必要がある。第5時では，黒板に「故郷」全体の流れの中で，それぞれのグループがどの場面を担当しているかを「視える化」した。また，グループで協議をする際に留意する点も書いている。「別々の場面を担当しているが，学習課題や協議の視点は同じである」と，クラス全体で共有することは重要である。口頭での説明やワークシートに記載するのでなく，生徒全員が一目で意識できるようにしたい（詳細は「8　資料」の板書例を参照）。

②比較するテキストを自分たちでつくる

　第3時の学習では，「少年時代のルントウを回想するシーン（文末表現が現在形）」の表現の特徴や効果を考える際，教師が用意した「同シーンの文末表現を過去形に変えたもの」と比較することで，与える印象の違いを捉えた。この学習を踏まえて，第5時では，担当する場面の文末表現を，自分たちで変化させて比べるようにした。

　例えば，楊おばさんの変化について語られる場面を担当したグループでは，「その人ならおしろいを塗っていたし，頬骨もこんなに出ていないし，唇もこんなに薄くなかったはずだ」の文末を「はずだった」に変えて音読し，二つの表現を比較した。グループでの協議では，「『はずだった』とするよりも『はずだ』としたほうが，断言する（決め付けている）感じが出ている」という考えが提出された。

　再会したルントウの風体が描写される場面を担当したグループでは，現在形が連続して使用されていることに注目した。グループでの協議では，「『私』が前のめりになってルントウを見ている感じがする」という考えが出された。

③見いだした考えが，他の場面でも機能するかを検討する

　グループ別に分析を担当した場面の中で提出された考えは「部分の解釈」である。見いだした考えが，物語の他の場面でも言えるのかを検討させることによって，自分たちの考えに妥当性があるのかを確認する学習である。

　例えば，冒頭で帰郷の目的を独白する場面を担当したグループでは，「現在形になっている部分は，自分を納得させようとしているように感じる」とまとめていた。この考えを基にして，故郷を後にする際に心境が吐露される場面でも検討し，「だが名残惜しい気はしない」「これもたまらなく悲しい」などの箇所では同じことが言えるのではないかと結論付けていた。

　「前のめりになってルントウを見ている感じがする」という考えが提出されたグループは，他の場面で同様の効果が見いだせる箇所を発見できなかった。しかし，その後，ルントウの風体を描写する場面を何度も読み直し，「間違いなく前のめりになっている感じがする」と，考えを確かなものにしていた。

7　生徒の学びの姿

(1) 物語の構造と内容を把握するための「人物相関図」の作成

　教師から教えられて「分かる」ことと，生徒が自分で発見して「できる」ようになることの間には，大きな差がある。第1・2時では，「故郷」を通読した後に，人物相関図を作成する活動を行った。「故郷」は，教科書教材としては分量が多い。黒板にマトリクスを書き展開を整理する学習も考えられるが，生徒が受け身になりがちである。

　本単元において，人物相関図を作成するときに留意させたのは，1枚のシートに現在と過去との時間軸を表現しながら人物の相関をまとめることである。「読むこと」の学習は，正確な理解が前提となる。何度も書き直しながら人物相関図を仕上げていく中で，教科書

をめくり，線を引き，書き込みを行う。テキストに主体的に向き合う学習活動を仕組みたい（詳細は，「8　資料」の人物相関図を参照）。

⑵ 読み直すたびに新しい発見をする

本単元は，文末表現の異なりを切り口にして，学習の形態を変えながら何度も「故郷」を読み直し，登場人物の思いが文末表現に与える影響を考える学習である。テキストとする「故郷」を読み直すたびに，新しい発見をしていく学習であるといってもよい。

第3時の段階において，文末表現に着目して物語を読んだ経験がある生徒は皆無であった。少年時代のルントウを回想するシーンの文末表現から，「躍動感」「リアリティが伝わる」「過去のことが頭の中にはありありと残っている」などの表現の効果を学習した。

第4時には，文末表現を切り口に，「故郷」を読み直し，文末表現に変化が見られる箇所を把握した。続く第5時では，グループ別に担当する場面の分析を行うことになる。ここで，生徒の前に壁が立ちはだかる。第3時で学習した文末表現の効果が，そのままの形では機能しないことを体験するのである。例えば，ルントウの風体を描写した場面を担当するグループでは，「リアリティが伝わる」という効果は認めても，「躍動感」を感じることはできない。そこには新しい解釈を模索する場が生まれる。

グループの協議では，「前のめりになってルントウを見つめる感じがする」という考えが提出された。だが，その解釈が他の場面で通用するのかを確かめてみるが，適当な箇所を見付けることができない。もう一度，ルントウの風体が描写された場面を読み直す。確かに，「前のめりになっている感じ」がすると。

このような試行錯誤の繰り返しが，生徒の考えを広げたり深めたりしていく。そして，第6時に行われる，見いだした表現の効果をグループ別に発表する活動の充実へとつながっていく。他のグループが発表する表現の効果と，自分たちが発見したものとの共通点や相違点を意識することで交流は充実した活動となる。第6時の最後には，「過去形の文末表現は客観的に事実を描いている傾向が強いが，現在形は視点人物の思いや心のゆれなどの主観が入っている傾向にある」「視点人物の思いや心のゆれが現在形の文末表現には表れている。生徒たちが提出した表現の効果は，その具体として意味があるもの」とまとめた。

8　資料

⑴ 板書例

第5時は，グループごとに担当する場面の文末表現の異なりによる印象の違いを考え，評価する時間である。それぞれのグループが異なる場面を担当しているので，学習の統一感は出にくい。そこで，板書で「故郷」のどの場面の分析がなされているかを示すとともに，「担当する場面で見いだした表現の効果は，他の場面でも当てはまるかどうか」と検討する視点も示した。その他，第3時の学びで発見した効果や，活動において留意することなども示している。

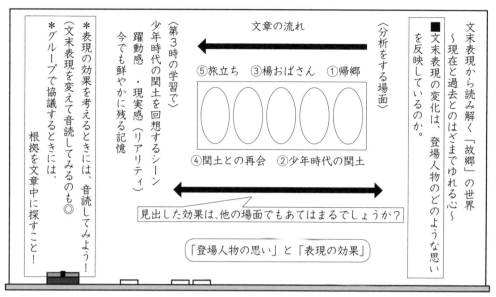

第5時の板書

(2) 人物相関図（第1・2時）

「生徒Iが作成した人物相関図」「生徒Jが作成した人物相関図」は，まとめ方に違いは
あるが，どちらも「過去と現在の二つの時間軸を踏まえた上で，登場人物の相関を適切に
表現したもの」である。

①生徒Iが作成した「人物相関図」

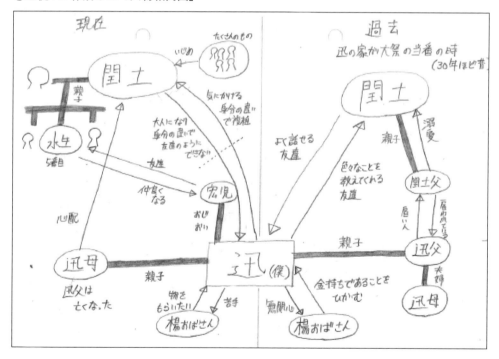

②生徒Jが作成した「人物相関図」

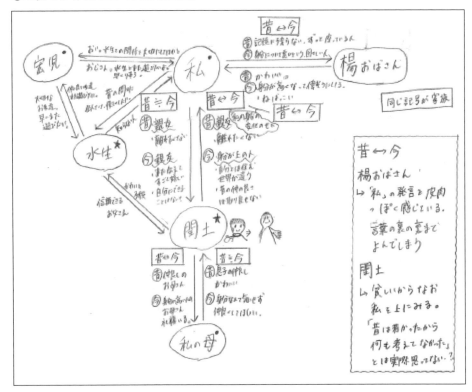

(3) ワークシート（第3時）

　第3時には，教師が作成したワークシートを用いて，文末表現が異なる文章を比べて印象の違いについて考えた。この学習を踏まえて，第5時では，生徒自らが文末表現を変えて比較をする学習を行っている。

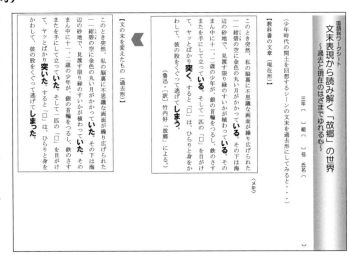

第3時に使用した文末表現が異なる少年時代のルントウの回想

〔参考資料〕
・拙稿「『故郷』を読んで，『キャスト・インタビュー』に答えよう」冨山哲也編緒『〈単元構想表〉が活きる！ 中学校国語科 授業＆＆評価 GUIDE BOOK』明治図書出版，2013年
・安藤宏『「私」をつくる―近代小説の試み―』岩波新書，2015年

〈積山 昌典〉

「故郷」を読んで演じよう
～Put yourself in「私」's shoes～

1 単元の目標

● 自分の生き方や社会との関わり方を支える読書の意義と効用について理解することができる。　　　　　　　　　　　　　　　　　　　　〔知識及び技能〕(3)オ

● 文章を批判的に読みながら，文章に表れているものの見方や考え方について考えることができる。　　　　　　　　　　　　　　〔思考力，判断力，表現力等〕C(1)イ

● 文章を読んで考えを広げたり深めたりして，人間，社会，自然などについて，自分の意見をもつことができる。　　　　　　　　〔思考力，判断力，表現力等〕C(1)エ

● 言葉がもつ価値を認識するとともに，読書を通して自己を向上させ，我が国の言語文化に関わり，思いや考えを伝え合おうとする。　　　　　〔学びに向かう力，人間性等〕

2 単元の設定

(1) 単元設定の理由

　4月に読書アンケートを取り，今まで読んできて最も自分に影響を与えた本について聞いたところ，実に82%の生徒が文学的文章を選んでいた。生徒たちは文学が好きである。どんなところが心に響いたのかという質問に対しては，例えば「君の友達」（重松清）を選んだ生徒は「友達関係について共感できるところがあった」と回答し，「サッカーボーイズ」（はらだみずき）を選んだ生徒は「僕と同じように少年団に入っていて」と答えている。「人間失格」（太宰治）を選んだ生徒でも，「自分に少し似ているところがあって」と記述するなど，多くの生徒が自分と似たような価値観をもつ登場人物が活躍する作品を選ぶ傾向にあった。中には登場人物の行動の理由を考えながら読んだり，あえて理解できないところを味わったりする生徒もいたが，大方の生徒はストーリー展開に身を委ね，文章に書かれていることをそのまま受け入れ，感情移入するような読書形態を好む傾向にある。そのような読書も楽しい。だが，自ら疑問をもち問いかけながら文学を味わって読むこともできるようになれば，選書の幅が広がり，自分の考えを広げるための読書をすることが可能になるだろう。

　「故郷」は，20世紀初頭の中国を舞台とした，物質的な貧しさや，今の暮らしを変えようとしない人々の荒んだ心など，社会が抱える問題を描いた作品である。語り手が一人称の「私」であること，現在と回想を行き来する構成であることなどによって，登場人物の

行動の意味や考えにも解釈の余地がある作品である。よって，本単元では登場人物の言動の意味を考えたり，登場人物と自分との考えの違いを味わったりするなど，文学的文章を批判的に読む力，そして「故郷」や関連資料を読んで人間や社会について思いを巡らせ，自分の考えをもつ力を育てることを目指したい。

(2) 単元展開の特色

　そこで本単元では，「故郷」を実感をもって読み深めていくために，演じるという言語活動を設定した。劇作家の平田オリザ氏の言葉を借りれば，「演劇とは，他人が書いた言葉を，どうにかして自分のコンテクストの中に取り込んで，あたかも自分の身体から本当に出たかのように言うという技術」（『演技と演出』）である。演じることで，遠く離れた「故郷」の登場人物を自分のコンテクストの中に取り込むことで対象化し，言動の意味を考えたり，人物と自分との考え方の違いを見いだしたりして，批判的に読むことができると考える。また演じることは本文や関連資料を読む動機付けになると思われる。

　更に本校では学校行事として演劇コンクールが位置付けられ，第3学年の全クラスがクラス劇を演じるという文化もあることから，表現するという言語活動が彼らの主体性を高めるエンジンになるとも考えた。

　なお演じることは目的ではなく，あくまでも読む力を高めるための手段であるため，表現する場面は登場人物のものの見方や考え方の違いが明確に表されている場面をこちらで設定した。選んだ場面は次の4場面とした。

●場面1 「チャーについて語るルントウと幼き日の『私』」
●場面2 「訪ねてきたヤンおばさんと応対する『私』」
●場面3 「訪ねてきたルントウと応対する『私』」
●場面4 「問いかけるホンルと応える『私』」

3 評価

(1) 評価規準

知識・技能	思考・判断・表現	主体的に学習に取り組む態度
①自分の生き方や社会との関わり方を支える読書の意義と効用について理解している。	①「読むこと」において，文章を批判的に読みながら，文章に表れているものの見方や考え方について考えている。 ②「読むこと」において，文章を読んで考えを広げたり深めたりして，人間，社会などについて，自分の意見をもてている。	①積極的に文章を批判的に読みながら，学習課題に沿って考えたことを伝え合おうとしている。

(2) 評価方法のポイント

●「知識・技能」は，別訳や関連資料を読み，演じる場面の解釈を深めたり，時代背景に

ついての新たな知識を得たりすることを通して，読書について考えをもつことができていたら，「おおむね満足できる」状況（B）と捉えた。第4時にノートを確認することで評価した。

●「思考・判断・表現」①は，登場人物の言動の意味を考えたり，登場人物と自分との考えの違いを確認したりしたことがワークシートの記述で確認できたら，「おおむね満足できる」状況（B）と捉え，第3時に評価した。

●「思考・判断・表現」②は，「故郷」や関連資料を読んで理解したことや評価したことなどを結び付けて人間や社会について自分の考えを明確にもち，文章に表れているものの見方や考え方と比べて自分の考えを広げたり深めたりすることができていたら，「おおむね満足できる」状況（B）と判断した。第6時に一枚ポートフォリオから確認した。

●「主体的に学習に取り組む態度」は，一枚ポートフォリオを用いて形成的に評価した。特に第2時に，自分の学習を振り返って現時点で自分が分かっていることと分かっていないことを交流に向けて整理していたり，別の描写を読む必要性について気付くことができていたりしたら，「おおむね満足できる」状況（B）と判断した。

※「十分満足できる」状況（A）の評価については後述する。

4 単元の指導計画（全6時間）

時	学習内容	学習活動	評価規準
1	●学習の全体像 ●大まかな構造と内容 ●人間や社会に対する見方	①単元の課題を知り，学習の見通しをもつ。 ②文章を通読し，話の展開や内容の大体をつかみ，初発の感想をもつ。 ③問い「人間と社会はどのように関わっているだろう」に対する現時点での考えをもつ。	
2 ・ 3	●表現の仕方を考えながら本文を読む方法 ●登場人物の言動の理由，関連する描写 ●登場人物の言動の理由，関連する描写などの妥当性	④「ルントウの名を聞き，近況を尋ねる『私』と応える母」の場面を用いて，全体で表現の工夫及びその理由を考える。 ⑤個人で自分が選んだ場面の表現の仕方を考える。 ⑥同じ場面を選んだ生徒同士でグループをつくり，表現の工夫や結び付けた描	★自分の学習を振り返って現時点で自分が分かっていることと分かっていないことを交流に向けて整理していたり，別の描写を読む必要性について気付いたりしている。 **態** ★登場人物の言動の意味を考えたり，登場人物と自分との考えの違いを確認したりしている。 **思①**

		写などを検討する。⑦別グループと交流する。	
4	●読書の意義や効能 ●解釈の動作化	⑧自分の選んだ場面に対応する藤井省三訳や関連資料を読み，考えたことを整理する。 ⑨グループごとに演技の練習をする(ナレーター１名，演者２～３名)。	★別訳や関連資料を読み，演じる場面の解釈を深めたり，時代背景についての新たな知識を得たりすることを通して，読書についての考えをもっている。 知
5・6	●動作化を通じた解釈の妥当性，根拠 ●人間や社会に対する見方 ●学習の価値	⑩発表会を開き，表現の仕方を検討し合う。 ⑪問い「人間と社会はどのように関わっているだろう」に対する考えをまとめる。 ⑫学習の振り返りをする。	★「故郷」や関連資料を読んで理解したことや評価したことなどを結び付けて人間や社会について自分の考えを明確にもち，文章に表れているものの見方や考え方と比べて自分の考えを広げたり深めたりしている。思②

5 本時の展開① 〔第３時〕

(1) 本時の目標

● 「読むこと」において，文章を批判的に読みながら，文章に表れているものの見方や考え方について考えることができる。

(2) 本時の指導案

学習活動	指導上の留意点	評価（方法）

導入（５分）学習の見通し

| ①前時の振り返りを確認し，自分がグループ活動でどのようなことを明らかにしたいのかを明確にする。 | **生徒Kの記述（選んだ場面３）**
 ルントウとの間を隔てた「何か」が「悲しむべき厚い壁」であることは分かったが，それが何のたとえなのかがはっきりとしていない。別の場面を読む必要もあるのか。次回のグループ活動ではここを明確にしたい。
→〔第２時〕態「おおむね満足できる状況」（B）と評価 | |

展開（35分）登場人物の言動の理由，関連する描写などの妥当性

| ②同じ場面を選んだ生徒同士でグループをつくり，表現の工夫や結び付けた描写などを検討する。 | ●ワークシートの記述を確かめながら，本文を手がかりに納得のいく演技プランを考えさせる。
●常に本文に戻らせ，印象に残った描写には適宜線を引かせる。
●表現の仕方を考える上で，他のグループに確認したいことを整理させる。 | ★登場人物の言動の意味を考えたり，登場人物と自分との考えの違いを確認したりしている。思①（ワークシート） |

| ③同じ場面を選んだ異なるグループや別の場面を選んだグループと交流する。 | ●関連する描写や新たに得た考えを，色を変えてワークシートに加筆させる。
●交流の際は考えを聞くだけでなく，必ず本文に戻らせ根拠を確かめさせる。 |

まとめ（10分）妥当性の確認方法・今後の見通し

| ④特に議論が集中していた場面を取り上げ，全体で言動の理由を確認する。
⑤本時の学習を振り返る。 | ●ヤンおばさんが「私」を蔑む理由，ルントウが「私」に「旦那様！」と言った理由などが考えられる。

●何が分かり，何が分かっていないのか，他の人から学んだことはどのようなことなのかについて書かせる。 |

(3) 本時展開のポイント

①異なる目的をもった2回の「対話的な学び」

　本時では2回の交流活動を行った。まず1回目は同じ場面を選んだ生徒との交流である。これは，前時に個人で本文を読み，表現の仕方を考えたことを伝え合い，グループとして表現の仕方を一つに練り上げる活動である。グループとして演じるには解釈を一つに絞る必要性が出てくるため，生徒も本気で本文を根拠に議論していた。次の交流活動は別のグループとの対話である。交流の前に他のグループに確認したいことを整理させる時間を確保すると，目的をもった交流活動を行うことができる。このように交流をする際にはどのような目的なのかを明確にし，それを生徒とも共有しておくことが大切である。

②評価の実際

　本時では，「思考・判断・表現」①を評価した。例えば生徒Kは，第2時の振り返りで，「ルントウとの間を隔てた『何か』が『悲しむべき厚い壁』であることは分かったが，それが何のたとえなのかがはっきりとしていない。別の場面を読む必要もあるのか」と記述していた。そこで，2回目の交流時に場面2の生徒に，ヤンおばさんの「私」と再会したときの印象を聞いたところ，「こんなになって」「ひげをこんなに生やして」「身分のあるお方」という言葉がキーワードであることに気付いた。そしてワークシートに，「ヤンおばさんは『私』と会った途端に，『こんなになって，ひげをこんなに生やして。』と言った。それほど『私』は官僚然としていたに違いない。そのような『私』に対して農民のルントウが『うやうやしい態度』で『旦那様！』と呼ぶのはやむを得ないことだろう」という記述で，「私」とヤンおばさんの関係を整理した上で，ルントウとの間に「身分や境遇の差」ができてしまったことを捉えることができている。ここから，登場人物の言動の意味を考えたり，登

場人物と自分との考えの違いを確認したりしたことが分かるため，「おおむね満足できる」状況（B）と評価した。さらにルントウだけでなく，他の登場人物との関係も捉えられているなど整理の仕方に丁寧さが見られたので，「十分満足できる状況」（A）と判断した。

6 本時の展開②〔第4時〕

(1) 本時の目標

●自分の生き方や社会との関わり方を支える読書の意義と効用について理解することができる。

(2) 本時の指導案

学習活動	指導上の留意点	評価（方法）
導入（5分）学習の見通し		
①前時の振り返りを確認し，発表会に向けてどのようなことを明らかにしたいかを確認させる。	●一枚ポートフォリオの記述内容を確認させ，目的意識を高めさせる。 **生徒Lの記述（選んだ場面2）** 　ヤンおばさんが見ている「私」と，「私」が語る「私」とは違う存在であること。でも「私」はそれに気付いていない。「まるで，フランス人のくせにナポレオンを知らず…」の比喩が意味するのは？〔第3時〕	
展開（35分）読書の意義や効能・解釈の動作化		
②自分の選んだ場面に対応する藤井省三訳や関連資料を読み，考えたことを整理する。	●関連資料は次のものを用意した。 ・『故郷』藤井省三訳，光文社，2009年 ・『纏足―9センチの足の女の一生』納村公子，小学館，1999年 ・『三億人の中国農民工―食いつめものブルース―』山田泰司，日経BP，2017年 ・『近代国家への模索　1894-1925』川島真，岩波書店，2010年	★別訳や関連資料を読み，演じる場面の解釈を深めたり，時代背景についての新たな知識を得たりすることを通して，読書について考えをもっている。[知]（ノート）
③グループで考えたことを伝え合い，表現の仕方を検討する。 ④グループごとに演技の練習をする（ナレーター1名，演者2〜3名）。	●関連資料を読んだことによって，新たに意味付けられた場面中の言葉などを中心に交流させる。 ●ナレーター1名，演者は選んだ場面に登場する人数とする。	**生徒Lのノートの記述** 　「まるで，フランス人のくせにナポレオンを知らず…」の比喩がしっくりきていなかったが，関連資料「纏足」を読んで，いかに小さい足の女性が清朝時代に男性から愛されていたかを知った。「豆腐屋小町」は日本でいう「看板娘」のレベルではなかった。そして纏足の習慣が悪しきものとして社会から排斥された時の足を元には戻せないとい
まとめ（10分）読書の意義や効能・今後の見通し		
⑤それぞれの関連資料を選んだ生徒から代表者を指名し，全体で読書の意義や効能を確認する。	●関連資料を読んだ感想だけでなく，意味付けられた言葉も発表させる。 **新たに意味付けられる言葉の例** ●場面1……城内，高い塀に囲まれた中庭 ●場面2……一日中座っている，纏足	

	●場面3……旦那様，わきまえ，税金 ●場面4……野放図，若い世代，希望	う女性たちの悲しさも。そう考えると，昔の自分を知らないという「私」に憎しみを抱くヤンおばさんの気持ちも分からなくもない。 　関連資料を読むことで，本文の言葉が実体を伴って見えてきた。
⑥本時の学習を振り返る。	●何が分かり，何が分かっていないのか，次回の発表会ではどのような点に注目したいかについて書かせる。	→ここでは，「おおむね満足できる状況」(B)と評価した。

⑶ 本時展開のポイント

①読書活動を通した「対話的な学び」

　本時では関連資料を読んで考えたことを交流する活動を設定した。生徒は関連資料を読んだことによって「故郷」の言葉を新たに意味付ける。その意味付けられた言葉を交流することによって，演じる場面の解釈が再構築されていく。同じ場面で同じ資料を読んでも意味付けた言葉が異なる場合があるのも，読書活動を通した交流活動の面白さである。

②評価の実際

　本時では，「知識・技能」を評価した。例えば生徒Ｌは『纏足—9センチの足の女の一生—』を読んだことで，「いかに小さい足の女性が清朝時代に男性から愛されていたかを知った。『豆腐屋小町』は日本でいう『看板娘』のレベルではなかった。そして纏足の習慣が悪しきものとして社会から排斥された時の足を元には戻せないという女性たちの悲しさも」と記述し，読書によって新たに情報を得ることができていることが分かる。そこから，「憎しみを抱くヤンおばさんの気持ちも分からなくもない」と解釈を深めていることも捉えられる。そして「関連資料を読むことで，本文の言葉が実体を伴って見えてきた」と書き，読書の意義や効能にも触れることができていたため，「おおむね満足できる」状況（Ｂ）と評価した。

7 生徒の学びの姿

⑴ 考えが形成されるまで

　生徒Ｍは，学習前の問い「人間と社会はどのように関わっているだろう」に対して次のように書いていた。

> 　人間が社会を作っているのだから，よい社会を作るのも人間。そうでない社会を作るのも人間。自分が恵まれないことを社会のせいにする風潮があるが，結局自分が社会にどう働きかけていくかだと思う。

　生徒Ｍは場面2を選び，ルントウ役を演じることになった。ルントウの言動の意味を考えていくうちに，「神秘の宝庫」が「でくのぼう」になってしまったのはなぜなのかと

いうことを，グループの生徒や場面1を選んだ生徒としきりに話し合っていた。発表会では目をカッと見開き「旦那様っ！」と言い放った。演じた理由を問われ，生徒Mは「『旦那様！』はルントウの心の叫びだから」と答えた。学習後の問いには次のように記した。

> 中国というより人間そのものとして，地位や身分を重んじすぎるところがあると思う。形式じみた強迫観念のようなものが，人間が本来持つ美しい性質を縛り上げて鉄格子の中に閉じ込めてしまっているのだ。「旦那様！……。」たった一言の台詞に感じる悲壮感は，その閉じ込められた人間の本質の叫びなのだと思う。『食いつめものブルース』の人々も同じ悲哀をもっていた。そしてそれに耐えられなくなった時，「なにしろ身分のあるお方は目が上を向いているからね…」などと皮肉をもらす。こういったことはどちらかに罪があるわけではないのだと思う。効率を求めていった結果なのだから，身分の高い人低い人の両方が働きかけていかなければこのシステムを変えることはできない。だからこそ，この物語には悲しさがあるのだ。僕も社会の中で生きるとき同じような苦悩を感じるのかもしれない。

「故郷」や関連資料を読んで理解したことや評価したことなどを結び付けて人間や社会について自分の考えを明確にもち，文章に表れているものの見方や考え方と比べて自分の考えを広げたり深めたりしていることが分かるため，「おおむね満足できる」状況（B）と評価した。演じることと関連資料を読んだことで，ルントウの一言のもつ悲痛な思いに気付き，その目線で社会を捉えることができたからこそ，考えを深めることができたのだろう。

(2) 一枚ポートフォリオで実感する自分の変容

　本単元では一枚ポートフォリオを用いて生徒が自分の学びの変化を実感できるようにした（71ページ参照）。毎時間の記述は「今日の授業で一番大切だと思ったこと」では学びの概念的な理解を促し，「疑問・質問・感想など」では教師とのやり取りを意識させた。一枚ポートフォリオには毎時間線を引いたり，コメントを付けたりして返却した。生徒の読みや考えが変わっていくのを，生徒自身と教師が共有できるようになった。

> **生徒Lの記述の変化**
> **「今日の授業で一番大切だと思ったこと」／「疑問・質問・感想など」**
> ●第2時：ヤンおばさんに関連する描写を探し，関連付けて解釈を深めること。自分の先入観だけで作品を読まないようにする。／自分を忘れただけで，こんなに辛く当たるもの？
> ●第3時：ヤンおばさんが見ている「私」と，「私」が語る「私」とは違う存在であること。でも「私」はそれに気付いていない。／「まるで，フランス人のくせにナポレオンを知らず…」の比喩が意味するのは？
> ●第4時：関連した資料を読むことで，物語に使われている言葉が実体を伴って見え

てくること。辞書的な意味だけで判断してはいけない。／「纏足」をすることを男性だけでなく，当時の女性も喜んでいたなんて。文化は人が作るもの。

●第5時：ヤンおばさんもルントウも「私」も当時の社会を生きた人物の記号として描かれていること。「私」は知識階級の象徴。／演じてみたことですれ違いがはっきりした。ヤンおばさんも哀れな人物に見えてきた。

8 資料

(1) 板書例（第3時）

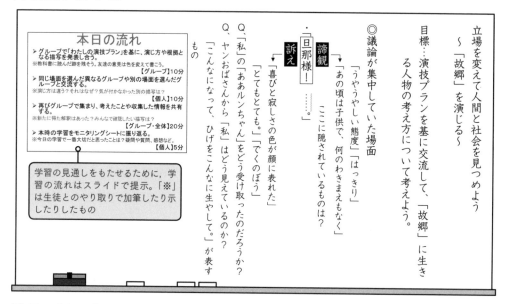

(2) ワークシート

①第2時・3時使用「わたしの演技プラン」

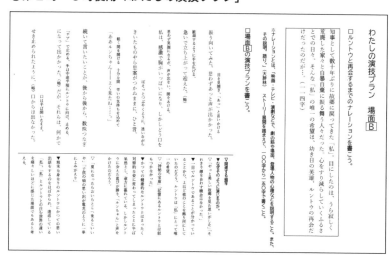

②全ての時間で使用した一枚ポートフォリオ「モニタリングシート」

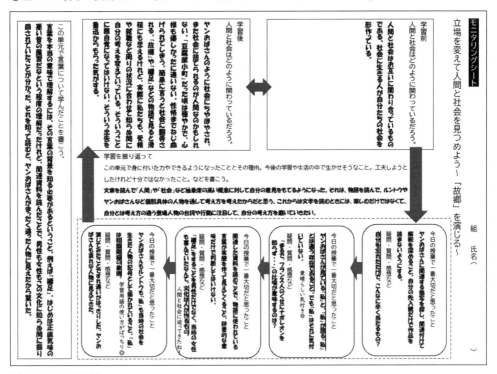

⑶ テスト問題例

　ここでは，単元テストとして授業で大きく取り上げなかった母について出題した例を示す。テスト中は教科書や授業中のワークシート等を全て見てよいものとした。

【登場人物の言動の意味や考え方を捉える問題】

次の母の行動を演じるとしたら，あなたはどのように表現しますか。あとの条件1から4にしたがって，あなたの考えを書きなさい。

「昔のように，シュンちゃんでいいんだよ。」
と母はうれしそうに言った。

条件1　どのように演じるかを具体的に説明すること。
条件2　理由を書く際には別の場面の複数の描写や台詞を引用すること。
条件3　母の考え方とそれに対するあなたの考えを説明すること。
条件4　百五十字から二百字程度で書くこと。

〈正答例〉

　屈託無く明るく笑顔でルントウに語りかける。母はルントウが「しきりに会いたがっていた」ことも知っているし，「日取りは知らせておいた」のも母であるから。母は身分の差など気にしなくてよいと気さくに接する人物であるが，ルントウが意を決して「旦那様」と言った気持ちが理解されないことを物語っていて，ルントウにとってはかえって残酷な仕打ちであるようにも思えた。母は「悲しむべき厚い壁」を強調する存在だと思う。

（一九八字）

〈廿樂　裕貴〉

解　説

1 評価の観点について

(1)「知識・技能」「思考・判断・表現」について

本書の六つの実践について，以下のようにまとめてみた。

	キーワード	知識・技能	思考・判断・表現 （読むこと）
①	評価・批評する	(3)　言語文化　オ　読書	イ　批判的に読む ウ　構成論理表現を評価
②	訳文比較	(1)　言葉の特徴や使い方　イ　語彙	イ　批判的に読む ウ　構成論理表現を評価
③	リライト	(1)　言葉の特徴や使い方　イ　語彙	ア　展開の仕方 エ　人間社会に自分の意見
④	自分の意見 ICT	(2)　情報　イ　情報の整理 (3)　言語文化　オ　読書	エ　人間社会に自分の意見
⑤	文末表現	(1)　言葉の特徴や使い方　ウ　文や文章	ア　展開の仕方 ウ　構成論理表現を評価
⑥	演じる	(3)言語文化　オ　読書	イ　批判的に読む エ　人間社会に自分の意見

　授業を構想する際には，生徒に身に付けてほしい力を見極めて，「知識・技能」「思考・判断・表現」の中のどこに焦点を絞って授業を展開するかを考えていく必要がある。「故郷」という教材に最もふさわしい指導事項があるわけではない。だから，上記のように指導事項は実践によって異なっている。どの指導事項のために，どのように「故郷」を使うのかを考えていきたい。今一度，「指導と評価の観点」ということを念頭に置いて，それぞれの実践が，「知識・技能」「思考・判断・表現」のどの部分を高めたいと目論んでいるのかを確かめていただきたい。

(2)「主体的に学習に取り組む態度」の評価について

　次に，「主体的に学習に取り組む態度」の評価についてである。「学習評価の在り方ハンドブック」（国立教育政策研究所，令和元年6月）などでは，次のように述べられている。「①知識及び技能を獲得したり，思考力，判断力，表現力等を身に付けたりすることに向けた粘り強い取組を行おうとする側面と，②①の粘り強い取組を行う中で，自らの学習を調整しようとする側面，という二つの側面から評価することが求められる」。自らの学習を調整しようとするためには，授業の中で「自己調整をするチャンス」が生徒に与えられ

なくてはならない。ここでは実践3を例として述べていく。以下の表は、実践3の単元指導計画を編集して、学習の個性化を見えるようにしたものだ。こうして見ていくと、授業の中にいくつもの「選択の余地」があり、主体的に学習を最適化することを促す仕組みになっていることが分かる。

時	学習内容	自己調整の場を含む学習活動	学習の個性化
2	●指定された語句や歴史的事実についての調べ学習を行う。	・学校図書館を利用し、様々な資料を基に調べ、情報カードを作成する（冊子にして全員に配付する）。	☆学校図書館の中から、個々の興味・関心に合わせて書籍を選び、その中から必要な情報を得ることができる（資料の詳細は41ページ参照）。
3	●出来事を時系列で捉え、あらすじを確認する。	・調べ学習で得た情報を基に、作品への理解を深める。	☆学級全員の集めた情報カードの冊子から、自分に必要な情報を選び取ることができる。
4	●ルントウの変貌、故郷を去る場面についてまとめる。	・ルントウの変化を捉える。	☆教師が変化を見取るときの観点を示すのではなく、観点そのものから考えることができる。
	●リライトする場面を決める。	・調べ学習で得た知識を生かしてリライトの構成メモを作成する。	☆前時までの情報を基に、視点人物とリライトする場面を選択することができる。
5	●構成メモをグループで交流する。	・リライトの構成を交流し、自分の作品に生かす。	☆構成や完成した作品を交流する際に、交流したい場面や視点人物を選ぶことができる。
6	●完成させた作品を交流する。 ●自分の意見をもつ。	・リライトした作品を交流し、人間、社会などについて、自分の意見を書く。	

　例えば、ある競技の練習や経験を積んでいくと、練習の仕方や休憩の取り方、体の鍛え方など、競技者が自分で考えて調整していくことができるようになる。また、シューズなどの用具についても、自分に最適なものを選べるようになる。更に、試合本番中でも、様々な点で調整や修正を繰り返しながらプレイしていくことができるようになる。

　それと同様な自己調整力を、国語の授業でも発揮できるようになってほしい。そのために授業者は課題解決や目標達成に向けて自己調整の場を設け、その調整を促していく必要がある。

　六つの実践の中の「粘り強く取り組む内容」と「自らの学習の調整が必要となる言語活動」がどのように組み立てられているかを、今一度確認いただきたい。

2 六つの実践について

(1) 実践1　学びの自覚化を促し，日々の読書生活につなげる

　学習指導要領の読むことの指導事項にある「文章を批判的に読み」，「評価する」ことに真正面から取り組んだ実践である。中学校3年間の最後の小説として，既習の知識や思考力を総動員して，「故郷」の価値を批評する実践である。王道を行く授業であると言えよう。加えて，様々な授業の工夫が，この実践をワンランク上のものにしている。それは，意見の相違点を明確にするための発問や，学び合いを機能させるための仕掛けである。言葉の力を高めるために，学び合いを活動レベルから，言葉の力を高めるために役立つものに昇華させているのだ。ちなみに「故郷」（中3，光村図書，令和3年版）では，学習活動として「登場人物の考え方や行動を批判的に読み，作品を批評しよう」という学習活動が掲げられている。教科書に沿う授業展開にも大いに参考になるであろう。

(2) 実践2　「マイベスト訳文」を決めよう

　教科書ともう一つの訳文を比較し，文章を評価する力を培う授業である。初発の感想から課題を生徒自らが見いだし，作品の魅力に迫っていく。作品の解釈を個人の中で何度も捉え直させたいという実践者の意図は，本文に戻り，自分自身の読みを粘り強く更新する生徒の姿につながる。また，訳文を比較読みしたことによって，生徒の解釈が揺さぶられていることが感じられる。どちらの訳がよいのかを決めるわけではないという授業者の意図が，生徒にしっかり伝わっている。だからこそ，生徒の読みが「藤井訳を読むと竹内訳の良さが見える」という域に達するのであろう。

(3) 実践3　「故郷」の背景や表現について調べ学習を行い，主人公以外の視点でリライトする

　単元設定から，子供の置かれている状況や発達段階を見据え，更には「故郷」を通して，予測が困難な未来を生きる自分自身を考える授業としたいと結んでいる。学ぶ側に立つ授業というコンセプトがよく見える実践である。I章の冒頭にも示したが，「故郷」のリライトといえば，「旦那様！」が定番であるが，それを自分で選択できることで，40ページにあるようなヤンおばさん視点の見事なリライトが完成している。また，前述したように「学習の個性化」の好例といえる。

(4) 実践4　初読の感想からのアップデート

　作品の感想や解釈をアップデートすることをねらいとした授業である。アップデートのための交流を活性化する起爆剤として，ICTが活用されている。注目したいのは，交流をICT任せにしていない点だ。対面の時間が制約される昨今，その少ない対面を有効に使うためにICTを活用しているのだ。

　ヤンおばさんを「ただただ物語をひっかきまわしている」と初読で捉えた生徒が，やがて「故郷が廃れた象徴」という読みにたどり着き，そこから他の登場人物の役割や心情，社会的背景にまで思いを広げていくことができている。時間的空間的な制約を乗り越えて，

工夫を凝らしながら，以前よりアップデートした交流の成果を勝ち取った実践である。

⑸ 実践5　文末表現から読み解く「故郷」の世界

　小学校に「アップとルーズで伝える」（小4上，光村図書，令和2年版）という教材がある。ルーズ（広いはんいをうつすとり方）とアップ（ある部分を大きくうつすとり方）があり，「何かを伝えるときには，このアップとルーズを選んだり，組み合わせたりすることが大切です」と述べられている。いささか遠回りをしてしまったが，この実践には教材にアプローチするアップとルーズが巧みに組み合わされている。蛍光ペンを駆使しながら，文末表現を読んでいくのはアップの手法である。もちろんこれは入口に過ぎない。あるいは，ルーズの手法で人物相関図を使って，作品を俯瞰する。他にも音読をでき得る限り取り入れる，ペアやグループの学びを生かすなど，じわじわ効いてくる技法を繰り出しながら授業が展開されている。想像だが，この授業は生徒にとってなかなかに格闘しがいのあるものだったのではないか。その厳しい試行錯誤を乗り越えたからこそ，「ルントウを前のめりになって見つめる『私』」という読みが絞り出されたのではないかと感じた。登場人物がありありと生徒の前に立ち現れる，上質な実践である。

⑹ 実践6　「故郷」を読んで演じよう〜 Put yourself in「私」's shoes 〜

　「動作化を通して読む」実践である。小学校ではよく見られる動作化だが，中学校ではあまり見られない活動だ。かつて「オツベルと象」（教育出版，1年）の動作化の実践に共同で取り組んだことがあるが，読みにつなげるという点が難しかった。中学3年生が真剣に小説を演じる授業に取り組めることもすばらしいが，その活動を批判的な読みにつなげている生徒の「国語の体幹」の強さがすばらしい。授業者のチャレンジ精神が，生徒にも浸透しているのであろう。誰にでも真似できるものではないが，「動作化で言葉の力を高める」実践の典型だといえるだろう。ちなみに表題の英語は,「こっちの身にもなってよ」といった意味のようである。

③ 実践の活用方法

　さて，ここまで六つの実践を見てきたが，その中に，「自分の持ち学級で授業をしてみたい」と思えるものがあったろうか。どれもこれもやってみたい，と思われれば幸いである。だが，どの授業もおそらく「そっくりそのまま」では，よい授業にはならないだろう。なぜなら，どの実践もそれぞれ目の前の生徒のためのオーダーメードであるからだ。目の前の子供抜きには，よい授業は完成しない。換言すれば，目の前の子供たちにとって，最もすばらしい授業を展開できる可能性が高いのは，その子供たちをいつも観察し，励まし，共に学んでいる，あなたに他ならないのだから。最善の授業に向けて，本書がいくばくかの手がかりになれば幸いである。

〈高橋　伸〉

執筆者紹介

編著者

高橋　伸（たかはし・しん）

札幌国際大学人文学部教授

1964 年生まれ。北海道教育大学卒業。北海道札幌市立中学校教諭，北海道教育大学附属札幌中学校教諭等を経て，現職

著書に，『主体的・協働的に学ぶ力を育てる！中学校国語科アクティブ・ラーニング GUIDE BOOK』（分担執筆，明治図書出版，2016 年），『深い学びのある国語科授業づくり』（共編著，明治図書出版，2018 年），『3 年間を見通せる　中学校学級経営コンプリート』（分担執筆，東洋館出版社，2020 年）等

執筆者（執筆順。所属等は令和 3 年 5 月現在）

幾田　伸司	鳴門教育大学大学院学校教育研究科教授	
高橋　　伸	上掲	
新井　　拓	北海道教育大学附属札幌中学校主幹教諭	
若尾　大樹	山梨大学教育学部附属中学校教諭	
杉田　　勝	北海道　札幌市立向陵中学校主幹教諭	
土持　知也	横浜国立大学教育学部附属横浜中学校教諭	
積山　昌典	広島県立広島中学校教諭	
甘樂　裕貴	埼玉大学教育学部附属中学校教諭	

「A・RA・SHI」：JASRAC 出 2103899-101
「春の歌」：NexTone PB000051413号

対話的な学びで一人一人を育てる中学校国語授業 3
「故郷」の授業

2021（令和3）年7月15日 初版第1刷発行

編著者 高橋 伸
発行者 錦織 圭之介
発行所 株式会社東洋館出版社
　　　　〒113-0021
　　　　東京都文京区本駒込5丁目16番7号
　　　　営業部 電話03-3823-9206 FAX03-3823-9208
　　　　編集部 電話03-3823-9207 FAX03-3823-9209
　　　　振 替 00180-7-96823
　　　　URL https://www.toyokan.co.jp

［印刷・製本］岩岡印刷株式会社
［装丁・本文デザイン］中濱 健治

ISBN978-4-491-04518-4　　　　Printed in Japan